Rüdiger Opelt
Müde Ehe

ISBN: 978-3-7088-0568-9

Copyright: Kneipp-Verlag GmbH und Co KG, Lobkowitzplatz 1, A-1010 Wien
www.kneippverlag.com, www.facebook.com/KneippVerlagWien

Autor: Dr. Rüdiger Opelt
Lektorat: Mag. Eva Manhardt
Korrektorat: Mag. Franz Ebner
Satz: Sebastian Carl, D-83123 Amerang
Umschlaggestaltung: Kathrin Steigerwald, Hamburg
Coverfoto: David Waldorf/Getty Images
Druck: Theiss GmbH, A-9431 St. Stefan
Printed in Austria

1. Auflage, Januar 2013

RÜDIGER OPELT

MÜDE EHE

Scheiden oder bleiben
Lieben oder lassen

kneipp verlag
WIEN

Inhaltsverzeichnis

Gewidmet der
Ehe
von Traudl und mir,
gestiftet in unseren Herzen,
bekannt vor unseren Freunden,
in vielen Gesprächen erkämpft,
gelebt an jedem einzelnen Tag,
bei Sonne und bei Regen.
Sie ist mehr
als der eine und der andere,
umgibt uns wie ein großes Feld
aus tausend bunten Blumen.

Vorwort

Scheiden oder bleiben?
20 Jahre verheiratet – was nun?

20 Jahre verheiratet, die Ehe ist ein sicherer Hafen, die Stürme der Jugend sind überstanden. Die Romantik von damals ist eine ferne Erinnerung, Langeweile herrscht seit Jahr und Tag. Gewohnter Mangel, Hunger nach Zärtlichkeit. Sex und Bewunderung gibt's nur noch für frisch Verliebte.

Was nun? Was tun? Zufrieden, unzufrieden, so lala? Seitensprung, Scheidung, Neubeginn? Paartherapie, Urlaub, Geschenke, den erkalteten Ofen neu erhitzen? Oder Frust, Kritik, Dauerzynismus?

Früher oder später landet das Paar bei der Scheidung – oder den Wegen, sie zu verhindern. Dem kirchlichen Gebot zum Trotz scheint der Mensch nicht geboren zu sein für ein lebenslanges Zusammensein – anders als Gänse und Pinguine, die das mühelos schaffen. Frauenfeindliche Witze, übertroffen nur von männerfeindlichen, geben Zeugnis vom Leid, das in einer langen Partnerschaft schwelt:

Kennen Sie den?
Ein Ehemann wird von einer guten Fee vor folgende Alternative gestellt:
A: die ganze Nacht durcharbeiten,
B: eine unbeschreiblich heiße Nacht mit seiner Frau verbringen.
„A!", schreit der Mann. „A!"

Oder folgenden:
Nach zwanzig Jahren stupst eine Frau ihren Lebensgefährten an: „Du, Heinz, meinst du nicht, dass wir endlich heiraten sollten?"
Heinz: „Gute Idee, aber wer nimmt uns denn noch?"

Beide Witze lassen sich ebenso gut andersrum erzählen.

Sie finden das nicht witzig, sondern eher traurig? Ist es auch. Humor ist das Letzte, was uns bleibt, wenn wir keine Alternative sehen. Glück in der Partnerschaft scheint mit den Jahren abzunehmen, wie Marmelade in einem Glas, das langsam leer wird. Deshalb die vielen Trennungen. Dennoch träumen wir tapfer vom Seelenpartner, vom lebenslangen Glück. Ein Märchen. Aber vielleicht gelingt es doch, wenn man es oft genug probiert. Mit der Zahl der LAPs (Lebensabschnittspartner) steigt die Chance, den Richtigen zu treffen. Leider auch das Risiko, nach lauter Nieten die Ehe als Enttäuschung abzuschreiben.

Wie finde ich die richtige Beziehung? Wie finde ich Liebe immer wieder? Darüber zerbrechen sich Paare den Kopf, seitdem es Paare gibt. Die Antwort ist: Glück muss man schmieden, Glück braucht Training, braucht Knowhow. Denn das bringt uns keiner bei, wenn nicht zufälligerweise unsere Eltern Glück in der Liebe hatten.

Werfen Sie die Flinte nicht ins Korn (und ziehen Sie liebeswichtige Objekte nicht zu rasch aus dem Verkehr). Vielleicht halten Sie Ihr Glück ja schon in Händen. Sie müssen nur erkennen, was Sie glücklich macht. Tun, was Sie glücklich macht. Zeigen, was Sie glücklich macht.

Teil I: Alte Liebe rostet doch

Das Unglück schleicht sich ein

Wie konnte es dazu kommen, dass Monika und Fred sich scheiden ließen? Es hatte doch alles so gut angefangen. Die ersten Jahre waren toll, Fred, der Traummann, super im Bett, und das junge Paar über beide Ohren verliebt. Hochzeit, gemeinsame Wohnung, Schwangerschaft, Sohn Lukas machte das Glück perfekt. Da Fred gelernter Maurer war und inzwischen als Marketing-Fachmann gut verdiente, schlug er vor, selbst ein Haus zu bauen, denn wie das ging, das wusste er ja. Gesagt, getan, Grund gekauft und los ging's. Fred arbeitete viel, zuerst in der Firma und dann am Haus, Monika half, soweit es neben dem Kleinen ging. Wenn man alles selbst macht, dann ist das aber doch viel Arbeit – und während der nächsten zwei Jahre hatten sie praktisch keine Freizeit. Leider auch keine Zeit, miteinander zu reden, außer über Technisches. Als sie in das halbfertige Haus einzogen, waren beide verständlicherweise schon ziemlich k.o.

Beim Innenausbau fing es an, sich zu spießen. Fred wurde immer mürrischer, da er eigentlich Urlaub gebraucht hätte, und Monika beklagte sich über seine ruppige Art. Fred fühlte sich missverstanden. Da schuftete er Tag und Nacht bis zur Erschöpfung für seine Familie und dann war es seiner Frau erst nicht recht. Er strafte sie mit Schweigen, denn zum Diskutieren hatte er nun wirklich keine Energie mehr. Monika war entsetzt, dass ihr Traummann sich so verändert hatte, und forderte Gespräche, zu denen Fred aber nicht bereit war. Da verging Monika die Lust auf Sex, denn mit einem mies gelaunten Mann wollte sie nicht schlafen. Nach einem weiteren Jahr war alles fertig: Das Haus, Monika mit Fred, Fred mit Monika. Endlich brachte sie ihren Mann dazu, eine Partnertherapie zu besuchen, in der Fred sich über die fehlende Sexualität und Monika sich über das fehlende Verständnis beklagte. Nach einigen Stunden, die zwar eine Besserung, aber noch keine völlige Lösung ihrer Probleme brachten, war Fred nicht mehr bereit, Geld für das „Gequatsche" zu zahlen. Er zog bald aus und suchte sich eine neue Freundin. Scheidung, Ende vom Lied.

Das Unglück kommt bei vielen Paaren auf leisen Sohlen, schleicht sich allmählich ein. Ungelöste Probleme häufen sich an, die Stimmung wird schlecht. Gereiztheit und fehlende Lust sind die Folge. Die Frauen versuchen meist noch, die Beziehung zu retten, wollen darüber reden, fordern, dass der Mann sich ändert. Der ist oft nicht bereit, sich in Frage zu stellen, fühlt sich nur angegriffen und schlechtgemacht, verteidigt seine Eigenschaften und sein Verhalten. Partnerberatung könnte helfen, wird aber oft viel zu spät begonnen und zu schnell abgebrochen. Wenn sich die schlechte Stimmung über Jahre hinzieht, überwiegt bei beiden die Wut auf den anderen. Schließlich wird Bilanz gezogen. Die Beziehung bringt mehr Frust als Lust, also ist sie wohl die falsche. Eine frische Liebe ist schnell gefunden und ist eindeutig schöner als die frustrierende Ehe.

Das Problem dabei ist, dass die Veränderung als Charaktereigenschaft des Partners interpretiert wird und nicht als Folge der Belastungen, die auf Paare in der Regel einströmen. Mit so einem schlechten Charakter, so einem bissigen Partner will man nichts mehr zu tun haben. Vergessen ist, wie liebevoll derselbe Mensch einst war.

Das muss man halt aushalten

Peter Handke beschrieb das Leben seiner Mutter als „wunschloses Unglück". Diese arrangierte sich mit ihrem privaten Leid und versuchte gar nicht mehr, etwas daran zu ändern. Sie gab es auf, sich Gutes zu wünschen.

Ähnlich erging es vielen Frauen in früheren Generationen. Man war ja vom Mann abhängig, hatte Kinder. Wo sollte man denn hin? Dann ertrug man eben die Aggressionen, den Alkoholismus, die Seitensprünge. Man tat es ja den Kindern zuliebe, damit die eine Familie hatten. Man opferte sein Leben, flüchtete in die Religion, die dieses Opfer guthieß. Man tröstete sich mit den Vorteilen des Familienlebens: Die Kinder wurden groß, das machte Freude, man hatte eine sichere Existenz. Liebe, die muss man sich halt abschminken.

„Das muss man halt aushalten. Eheprobleme sind normal und so schlimm ist es auch wieder nicht." Solchen Rat bekommen unglückliche Ehefrauen oft von ihren Müttern und Schwiegermüttern. Wenn es gar noch einen gemeinsamen Familienbetrieb gibt, dann wird das Durchhalten eingefordert. „Du kannst uns doch nicht im Stich lassen, deine Familie braucht dich." Das sieht man dann ein, besonders wenn man selbst ein Scheidungskind war und sich geschworen hat, den eigenen Kindern dieses Leid zu ersparen. So hält man es eben aus. Jahrelang, manchmal jahrzehntelang. Hofft, dass es mit der Zeit besser wird. „Man muss sich halt zusammenraufen", sagen die Verwandten. Aber es wird nicht besser, nur die Verbitterung wächst. Man muss doch bleiben, bis die Kinder groß sind, aber dann …

Iris und Peter haben sich in den ersten Jahren zusammengerauft und schließlich geheiratet. Das erste Kind ist unterwegs und sie wollen eine Wohnung kaufen. Da meldet sich Peters Mutter zu Wort: „Aber ihr könnt doch bei mir wohnen, ich lebe allein in einem Riesenhaus. Das kostet euch gar nichts." Das Angebot ist verführerisch, denn Peters Elternhaus ist eine alte Villa mit traumhafter Architektur, großem Garten für die Kinder, und die Oma würde babysitten. Peter zögert, denn er kennt seine Mutter. Der konnte er noch nie etwas recht machen und ist deshalb früh von zu Hause weg. Soll er sich das wirklich antun? Aber die Aussicht, die Villa zu besitzen (die würde Mutter ihm überschreiben, wenn sich erst alles eingespielt hat) überwiegt die Bedenken.

Zwei Wochen lang ist alles eitel Sonnenschein. Dann beginnt die Mutter sich überall einzumischen und dem Paar Vorschriften zu machen. Sie taucht auch ständig in der Wohnung des Paares auf und respektiert deren Privatsphäre nicht. Streit ist vorprogrammiert und Peter scheut sich auch nicht, seiner Mutter Grenzen zu setzen, was die aber wenig beeindruckt, denn es ist ja immer noch ihr Haus, nicht wahr? Peter flüchtet sich in die Arbeit, macht Überstunden und überlässt Iris die tägliche Auseinandersetzung mit der Schwiegermutter. *"Wir schaffen das schon, so lange lebt sie wahrscheinlich gar nicht mehr. Ein paar schwierige Jahre noch, dann haben wir es gut"*, tröstet Peter seine Frau, die das Ganze nicht mehr aushält. So halten die beiden durch. Es kommen noch zwei Kinder, das Haus wird renoviert und dafür nimmt das Paar hohe Kredite auf. Jetzt kann man erst recht nicht mehr weg, auch wenn Iris immer öfter vom Wegziehen redet.

Iris hält durch, bis die Kinder groß sind. Aber sie ärgert sich immer mehr darüber, dass sie sich in das Haus hat locken lassen. Als das letzte Kind auszieht, zieht auch Iris aus. Und kommt nicht mehr zurück.

Die Angst vor der Veränderung

Veränderung macht Angst. Man ist sein Leben gewohnt, so wie es ist. Und es ist ja nicht alles schlecht daran. Auch wenn man zu wenig Liebe hat, die zumindest hat man sicher. Man kennt seinen Partner und hat gelernt, dessen Fehler auszuhalten. Wer weiß, ob es wirklich besser wird, wenn man sich trennt? Vielleicht kommt man vom Regen in die Traufe. Dann liest man noch, dass gebundene Menschen länger leben, Verheiratete gesünder sind als Singles, dass Einsamkeit das Leben verkürzt usw. Und einsam will man nun wirklich nicht sein.

Andererseits steht in den gescheiten Büchern auch, dass fehlende Liebe krank macht. Wenn man sich in der Ehe einsam fühlt, dann graut einem davor, dass man den Rest seines Lebens neben einem schweigenden Partner verbringt. Wenn man vom Partner nichts bekommt, könnte man deswegen sogar früher sterben. Auch nicht gut. Man hat ja viele Geschiedene im Bekanntenkreis. Manche sind glücklich, aber nicht allen geht es gut. Manchen sogar schlechter.

Christian verliebt sich Hals über Kopf in eine Urlaubsbekanntschaft. Petra ist schön und sexy, die Stunden mit ihr sind romantisch und leidenschaftlich. So zieht Christian zu ihr, findet in ihrer Stadt einen neuen Job. Scheidung, Besuchsrecht, alles geklärt. Wunderbar – sollte man meinen.

Doch Christian vermisst seine Kinder, 400 Kilometer weit weg, die Besuchstage sind doch aufwendig. Petra wird eifersüchtig, weil sich alles um die Kleinen dreht. Christian zieht zurück nach Stuttgart, wo seine Kinder sind. Petras Eifersucht wird dadurch nicht besser. Nach drei Jahren auf und ab und hin und her ist Christian Petra los. Und Valerie, seine Ex-Frau, will ihn auf keinen Fall zurück. Zu groß war die Verletzung und außerdem ist sie jetzt mit Jonny verheiratet.

Christian bleibt allein in seiner Stuttgarter Wohnung. Zwar verliebt er sich oft, aber jedes Mal ein bisschen weniger. Mit einer Frau zusammenziehen, das scheint ihm doch riskant. Und er hat ja die Kinder als Lebensinhalt.

Schließlich sind die Kinder groß und leben ihr eigenes Leben. Christian ist geübter Single. Seine Freiheit gibt er nicht auf. Im Ruhestand wird ihm allerdings langweilig. Was tut man den ganzen Tag allein? Die Freunde werden weniger, Hobbys sind auch nicht alles.

Manchmal denkt er zurück an die Ehe mit Valerie. So schlecht war die gar nicht. Aber das hat er sich selbst vermasselt.

Wenn man solche Geschichten hört, ist man doch wieder zufrieden mit dem, was man hat. Nicht wirklich zufrieden, aber na ja. Das Leben ist kein Wunschkonzert.

Machen wir es doch anders

Wenn es in der Liebe hakt, versuchen die Partner, es mit jenen Mitteln hinzukriegen, die sie kennen und bei ihren Eltern gelernt haben. Es gibt alle möglichen Hausmittel, einen Ehestreit beizulegen – ein Blumenstrauß, Geschenke, eine Einladung, eine Entschuldigung, Abwarten, Diskutieren. Normalerweise kommt die Beziehung damit auch wieder in Gang, wenn beide dies wollen.

Aber bei bestimmten Themen bleibt man stecken. Beide sind völlig verschiedener Meinung, es geht ums Prinzip, einer ist gekränkt und fühlt sich unverstanden. Dabei handelt es meist um Verletzungen, die derjenige in der Vergangenheit erlitten hat, oder um ungelöste Probleme, die die Familie schon seit Generationen belasten. Dann spielt sich ein Streitmuster ein, das sich wie eine Schallplatte wiederholt und aus dem man einfach nicht rauskommt. Weil das Ungelöste so lange auftaucht, bis man es erkennt und die richtige Antwort findet. Viele suchen die Lösung im Gespräch mit Freunden, in Ratgeberbüchern und finden sogar ganz gute Tipps. Aber sie schaffen es nicht, diese anzuwenden, weil sie im alten Muster gefangen sind, das sie in der Kindheit geprägt hat.

Die Frauen sind meist die treibende Kraft, wenn es um die Beziehung geht. „Machen wir es doch anders, verändern wir uns." Lösungen werden versucht, aber zu schnell wieder aufgegeben. Wenn sich etwas nicht ändern lässt, findet man sich damit ab und gibt auf. Der Frust geht aber weiter und staut sich auf, bis er explodiert.

Nach vielen Ehejahren entdeckt Maria, dass ihr Mann eine Freundin hat. Drama, Heulen, Wut und Streit, sie schmeißt ihren Mann hinaus. Der kommt reumütig zurück, sagt, dass es ihm leidtut, das alles ein Fehler war, dass mit der Freundin Schluss sei und er nur Maria liebe. Nach einigem Hin und Her verzeiht ihm Maria, stellt aber die Bedingung, dass Horst eine Therapie macht, um die Gründe für sein Fehlverhalten zu erforschen. Nach drei Stunden beim Psychologen verkündet Horst freudestrahlend, dass der Psychologe keinen Fehler gefunden habe und somit alles in Ordnung sei. Er würde es ja sowieso nie wieder tun. Eine Zeitlang geht das gut, Maria ist mit ihrem Eheleben wieder zufrieden.
Nach einem weiteren Jahr entdeckt sie, dass die Nebenbeziehung munter weitergegangen ist. Wieder Drama, Krise und doch Verzeihen. Wieder alle Versprechungen, die Maria am Schluss doch glauben will. Und so dreht sich das Spiel bis heute weiter. Es ist wohl nur mehr eine Frage der Zeit, bis es Maria endgültig reicht.
Hätte Horst ernsthaft Therapie gemacht, wäre ihm klargeworden, dass er unbewusst seinen Vater imitiert, der ein Weiberheld war und deshalb die Familie früh verlassen hat. Den Verlust des Vaters kompensiert Horst, indem er so handelt wie dieser.

Irgendwann spitzt sich die Krise zu. So geht es nicht weiter. Der lange aufgestaute Frust entlädt sich: Streit, Aggression, Diskussionen. Die Beziehung steht auf der Kippe. Es muss sich etwas ändern, aber was?

Am Höhepunkt der Krise müssen wir entscheiden, in welcher Richtung wir das Liebesglück wiederfinden wollen. Sollen wir die alte Beziehung erneuern, auf Neudeutsch gesagt: einen Relaunch machen? Die Reset-Taste drücken und die Beziehung neu starten? Oder benötigt der Neustart auch einen neuen Partner?

Trennung oder Treue

Treue ein Leben lang, wer träumte davon nicht? Den Seelenpartner finden, gemeinsam alt und glücklich werden, vertrauen, dass man gehalten wird. Der Partner als Fels in der Brandung, der die Stürme des Lebens bannt. Was Gott verbunden hat, kann der Mensch nicht trennen. So hätten wir´s gern. Lebenslang fordert die Kirche. Die Ehe als Sakrament schafft eine Bindung, die unauflöslich ist.

Die Realität sieht anders aus. Viele Menschen benötigen viele Partner, um das Liebesglück zu fassen. Liebe ist eine Wohnung, die einige Zeit gut passt. Wenn sie eng wird, unbehaglich, kündigt man den Mietvertrag, sucht eine größere, neuere, schönere. Man will die Scheidung, zieht zu einem „besseren" Partner. Das kann und darf man auch. Treue und Trennung, beides hat vieles für sich. Lebenspartner bieten Vertrautheit, gemeinsame Geschichte, Toleranz gegenüber Eigenschaften, die man nicht ändern will. Lebensabschnittspartner bieten den Reiz des Neuen, Altes wirft man über Bord, lernt aus Fehlern, entdeckt beim neuen, was dem alten Partner fremd war. Holen uns die Probleme ein, egal wie oft wir die Partner wechseln?

Dauer und Veränderung haben beide ihre Adepten und die halten die Banner hoch. Auf der einen Seite glühende Verfechter der ewigen Ehe, auf der anderen Anhänger des gepflegten Neuanfangs. Wir wollen nicht werten, ob das eine oder das andere von Vorteil ist. Das entscheide ein jeder für sich. Gott sei Dank leben wir in einer Epoche, in der die Diener Gottes nicht mehr vorschreiben können, was zu verteufeln ist!

Jetzt ist das Zeitalter der Psychologie. Diese liefert Entscheidungshilfen, damit jeder sein Leben frei wählen kann. Die freie Wahl der Partnerschaft ist Voraussetzung für das moderne Liebesglück. Ob man dranbleibt oder aufgibt, das wird in geistigen Grabenkämpfen erfochten. Selbst Paartherapeuten, offiziell neutral, sind überzeugt von der einen richtigen Haltung. Manche raten zur Scheidung, sobald die Beziehung mühsam wird. Andere preisen die Entwicklung, raten durchzuhalten, da den Lohn nur erntet, wer seine Konflikte löst.

Scheidung war lange eine Sache der Jungen. Im verflixten siebten Jahr, wenn die Kinder geboren sind, das Haus halb fertig, die Karriere stressig war, die Schatten des Partners offensichtlich wurden, hatte man die Nase voll von Treue, ein neuer Liebhaber lockte. Die Hochzeit war ein Fehler. Jung und naiv hat man jemanden gewählt, der nicht zu einem passte. Erwachsen geworden weiß man nun, was gut für einen ist. Also wieder auf zum Standesamt, der Protest des Pfarrers wird mit dem Kirchenaustritt quittiert.

Neuerdings boomt die Scheidung älterer Paare. Zwanzig Jahre durchgehalten, Kinder großgezogen, Karriere gesichert, Haus gebaut – nun könnte man endlich gemeinsam genießen. Will man aber nicht mehr. Zwanzig Jahre lang hat man sich voneinander entfernt. Der junge Held, einst angehimmelt, erscheint nun als alter Misanthrop. Die strahlende Schönheit trägt Reifen an den Hüften und keift wie ein altes Waschweib. Streitigkeiten morden die Liebe, wir empfinden nichts mehr füreinander, die Vernunft hält uns beisammen. Wer gibt schon Haus und Sicherheit auf? Aber was ist mit den Träumen von Leidenschaft? Selbige findet sich schnell. Mit jemand, der neu, unverbraucht, charmant ist – also nicht mit dem Feind im eigenen Bett.

Frauen brechen aus der Rolle und gleich auch aus der Ehe aus. Der antiquierte Mann, Hemmschuh für die Entfaltung, hält einen klein, entwickelt sich nicht, und wenn, dann weg von der Frau. Männer verlassen schon lange – ein altes Vorrecht des Patriarchats. Ist die Frau nicht mehr jung und sexbesessen, wird sie durch eine junge ersetzt. Erfolgreiche Männer können sich´s leisten und unterstreichen ihren Status durch die schöne Geliebte.

Für manche ist es ein Befreiungsschlag, eine Erleichterung, das Gefühl, dem Gefängnis entronnen zu sein. Für alle die, die einstmals verliebt waren, steigen aber die Risiken. Man hat viel zu verlieren – Haus, Einkommen, Ersparnisse, den Kontakt zu den Kindern, den Freundeskreis, die Familie, die man aufgebaut hat. Ganz zu schweigen von den Illusionen, die man sich über Liebe gemacht hat. Scheiden tut weh, auch wenn man es will.

Als Paartherapeut fällt mir Folgendes auf: Paaren, die nie zusammenwuchsen, nie zusammenpassten, sich nie aufeinander einließen, gelingt die Scheidung schnell. Was man nie gehabt hat, lässt man leicht los. Wo viel gemeinsam erreicht wurde, schlägt Scheidung schmerzhafte Wunden. Wer tief verbunden war, kommt voneinander nicht los. Liebe wird zur Aggression, die Auseinandersetzung immer heftiger. Vielleicht ist man mit dem Neuen glücklich, der Alte aber funkt ständig dazwischen.

Trennung will überlegt sein. Ihre Bekannten haben es hinter sich? Macht ein Neuer glücklicher? Wägen Sie ab, was für Treue spricht und was für Trennung. Zerbrochene Krüge sind schwer zu kitten, auch wenn sie am lange begangenen Brunnen brachen.

Scheidung kommt teuer. Seien Sie sicher, dass Sie Ihren Partner nicht mehr lieben, sonst ist der Preis zu hoch. Sie sollten wissen, ob die Entscheidung unumgänglich ist. Solange Sie zögern, reden Sie lieber mit Ihrem Partner. Vielleicht lässt sich ändern, was unveränderlich schien. Dann dürfen Sie behalten, was an Gutem aufgebaut wurde.

Die Narben des Geschlechterkriegs

Was tun, wenn Streitigkeiten und Missverständnisse zu Verletzungen führten, die nicht verheilen wollen? Ist es dann nicht vernünftiger, sich scheiden zu lassen und dem Wahnsinn ein Ende zu setzen? Besser ein Ende mit Schrecken als ein Schrecken ohne Ende? Das mag so sein. Wenn die Verletzungen ein Ausmaß erreichen, dass man sie nicht mehr ertragen kann, dann wird man den Neuanfang wagen.

Wenn sich schlimme Konflikte nicht lösen lassen, wenn Fehler nicht abgehakt, durch besseres Verhalten ersetzt werden können, wenn der Partner partout nicht auf Wünsche eingeht – dann zieht man die Konsequenz und verlangt die Scheidung. Gewitzt durch die schlechten Erfahrungen sucht man sich einen besseren Partner.

Die Rechnung „Ungelöste Konflikte bedeuten Scheidung" ist aber nur auf den ersten Blick eine klare. Tatsachen wollen bedacht sein:

1. Jede Beziehung hat Konflikte, die Frage ist, ob man damit leben kann.
2. Jeder Konflikt ist eine Aufforderung, nach einer Lösung zu suchen.
3. Jede neue Beziehung hat Konflikte, die in der alten schon gelöst waren.
4. Die Narben aus der alten Beziehung nimmt man in die neue mit.

Frisch verliebt ist es einfach, sich das Neue als problemlos vorzustellen, denn Glückshormone trüben den Blick. Ein Schelm, wer denkt, im gemeinsamen Alltag gäbe es nichts zu streiten. Manche kommen vom Regen in die Traufe, denn die Probleme mit dem alten Partner verschwinden nicht, dafür kommen die Sorgen mit dem neuen dazu.

Es ist den Versuch wert, eine festgefahrene Beziehung wiederzubeleben. Man steckt fest und kommt seit Jahren nicht weiter – ist man nicht bereits am entscheidenden Punkt, der Lösung ganz nahe? In der Mitte des Flusses ist die Strömung am stärksten, man fürchtet zu ertrinken. Wenn man den Kopf über Wasser hält, ist bald das andere Ufer erreicht. Und nur wegen des neuen Ufers ist man schließlich ins Wasser gesprungen.

Sehen wir die Beziehung als Körper, mit und in dem wir leben. Wir hätten gern einen besseren, aber unser Körper ist, wie er ist. Um einen neuen zu erhalten, müssten wir sterben und neu geboren werden – sofern wir an Wiedergeburt glauben. Da uns das keiner garantieren kann, nehmen wir das, was wir haben, und machen das Beste draus. Kennen Sie jemanden, dessen Körper nie krank war, nie operiert oder verletzt wurde? Kommt vor, ist aber selten. Jeder Mensch hat seine Krankengeschichte, die Liste der Verletzungen, die er überstanden hat. Jeder Mensch hat seine Unverträglichkeiten, Dinge, von denen er die Finger lässt, weil sie ihn umbringen würden.

Mit Beziehungen ist es ähnlich: Jede hat Schwachstellen, Konfliktpunkte, die zu Streitigkeiten führen. Die Spannung zwischen Mann und Frau kann in Kriege ausarten und man kriegt dabei seine Narben ab. In jeder Beziehung kann man auf die Schnauze fallen, und das tut weh. Man kann sich über den Partner ärgern, denn der ist an der Verletzung schuld. Wer sonst? Hätte er nicht, wäre sie …, würde er …, dann wäre das Ganze ja nicht passiert. Oder doch?

Die Krise, das Schicksal, der liebe Gott – woran immer wir glauben, dieses Etwas spricht zu uns. Wenn wir die Verantwortung übernehmen, dann sehen wir, was es zu lernen gilt. Wie Schuppen fällt es von den Augen, denn die Lösung liegt auf der Hand. Mit gutem Willen und etwas Übung erlernt man ein neues Verhalten. Das tut der Beziehung gut. Wir kommen weiter. Die Wunden heilen, wenn wir die Antwort finden. Die Narben bleiben, aus gutem Grund: Sie erinnern daran, die neue Erkenntnis nicht zu vergessen.

In einer „normalen" Beziehung tragen wir die Narben wie Indianer, die damit beweisen, welch gute Kämpfe sie geliefert haben. Narben zeugen von Mut, Tapferkeit, Stärke. Wer nie riskiert, hat sein Leben nicht gelebt. Wer seine Wunden trägt wie Orden, wird als Erwachsener ernst genommen.

Wir werden uns immer wieder ärgern und immer wieder vermuten, dass der Partner zu Fleiß in die Fettnäpfchen tritt. (Ebenso vehement wird dieser dies bestreiten.) Wenn wir Krisen durchlebt haben, erinnern uns die Narben an Lösungen, die wir gemeinsam gefunden haben. Sie zwingen uns auf den neuen Weg, der meist nicht der bequeme ist. Dann wird das, was einst wehtat, zum guten Symbol.

Die Neuorientierung

Erna, Johanna und Herta, drei alte Freundinnen, treffen sich im Kaffeehaus. Erna jammert, dass ihre Ehe in einer Krise steckt: „Ich habe wirklich Pech. Hans und ich taumeln von einer Krise in die nächste. Vielleicht ist er doch der falsche Mann." Johanna beruhigt sie: „Krisen sind normal. Werner und mir geht es gut, aber in den letzten zwanzig Jahren wollten wir uns auch schon zwei Mal trennen." Da schreit Herta auf: „Was, nur zwei Mal? Ihr Glücklichen!"

Krisen sind normal. Beziehungen müssen sich immer wieder ändern, weil sich das Leben ändert. Es ist normal, dass Sie immer wieder neu entscheiden müssen, ob Sie bei Ihrem Partner bleiben, ob diese Beziehung Sie noch glücklich macht oder ob es Zeit für einen neuen Menschen ist. Dies ist kein Misstrauen Ihrem Partner gegenüber, sondern die Verantwortung, die Sie für sich selbst und Ihr Leben haben.

Selbst ist die Frau und selbst ist der Mann. Sie können niemand anderen dafür verantwortlich machen, ob Sie im Unglück verharren oder Ihr Glück neu schmieden. Die Zeiten, wo man in die Ehe gezwungen und beim Versuch der Trennung gesteinigt wurde, sind – zumindest in einer demokratischen Gesellschaft wie der unseren – vorbei. Sie sollten sich Ihrer Entscheidung aber sicher sein. Nehmen Sie sich Zeit dafür – alle Zeit der Welt, denn nichts ist wichtiger als Ihr Liebesglück, vor allem wenn es verloren gegangen ist. Überstürzen Sie nichts und überlegen Sie gut. Wägen Sie die Vor- und Nachteile Ihres Partners ab. Vergleichen Sie ihn ruhig mit anderen möglichen Partnern. Ist er wirklich der richtige? Ist er immer noch der richtige? Oder sieht mein Traum von der Liebe ganz anders aus als meine bisherige Ehe?

Dieses Buch kann Ihnen die Entscheidung nicht abnehmen, denn diese ist Ihre ganz persönliche. Es gibt Gott sei Dank keine allgemeinen Gesetze mehr, wie lang eine Ehe zu dauern hat. Mein Buch kann Ihnen aber bei Ihrer Entscheidung helfen, Ihre Entscheidungsgrundlagen vertiefen, gestützt auf die Erfahrung von hunderten Paaren, die in der gleichen Situation steckten wie Sie und bei mir Rat suchten.

Lesen Sie in Teil II über die Probleme, die einen aus der Beziehung treiben.
Lesen Sie in Teil III von den schönen Dingen, die einen in der Beziehung halten.
Testen Sie in Teil IV Ihre Beziehung und treffen Sie dann die Entscheidung, ob Sie gehen oder bleiben wollen.
Wie Sie Ihre Beziehung neu aufbauen, erfahren Sie in Teil V.
Wie Sie sich in Respekt trennen, beschreibt Teil VI.

Was immer Ihr Ergebnis ist, es ist Ihr gutes Recht, Ihr Liebesglück zu finden, und Ihre Pflicht sich selbst gegenüber, daran immer wieder zu arbeiten. Auch wenn böse Zungen sich das Maul zerreißen, die Besserwisser Sie mit Ratschlägen erschlagen, die Moralisten alles verurteilen, was nicht in Bibel oder Koran steht – die sollen sich lieber um die eigene Beziehung kümmern und sich aus der Ihren heraushalten.

Liebe ist ein Dialog der Herzen. Wer weiß, wenn Sie sich weiter bemühen, offen bleiben, auf Ihr Herz hören, vielleicht entdecken Sie es noch – das Geheimnis der alten Paare.

Teil II: Was uns am anderen stört

Schwierige Beziehungen

Manche Liebende haben es schwer. So wie die zwei Königskinder, die nicht zusammenkommen konnten, weil zwischen ihnen das Wasser zu tief war. So wie Romeo und Julia, die starben, weil niemand ihre Liebe zulassen wollte. So wie Desdemona und Othello, von mörderischer Eifersucht gequält.

Abergläubische Menschen sehen den Misserfolg der Partnerschaft durch die Umstände verursacht. Es hat halt nicht sollen sein. Das Schicksal ist verantwortlich. Oder die böse Fee. Wenn wir aber nicht an dunkle Mächte glauben, dann sollten wir uns selbst bei der Nase nehmen. Jeder Mensch ist seines Glückes Schmied. Wir haben es in der Hand, ob wir lieben und geliebt werden. Jeder entscheidet, ob er in Richtung Glück marschiert oder in Richtung Pech. Bewährte Wegweiser zeigen, wohin man gehen muss, um glücklich oder unglücklich zu werden.

Viele stecken im Unglück fest. Weil man nichts anderes kennt. Weil es eine sichere Bank ist. Weil Pech das pessimistische Menschenbild bestätigt. Weil man Bestätigung nur über Mitleid bekommt.

Die Wahrheit ist: Wir sind für unser Glück selbst verantwortlich. Wenn wir unglücklich sind, müssen wir etwas ändern. Vielleicht ist es Zeit, eine unselige Partnerschaft zu verlassen. Die Gründe dafür finden Sie in diesem Teil des Buches. Wenn Ihr Liebesleben vor allem durch die hier beschriebenen Probleme bestimmt wird, werden Sie überlegen, Ihren Partner in die Wüste zu schicken. Zum Beispiel, wenn er eh nur auf Ihr Geld aus war.

Wenn Sie in Ihrer Beziehung unglücklich sind und nicht weiter wissen, dann zahlt es sich aus, den Liebeskummer genau zu untersuchen. Vielleicht ertappen Sie sich dabei, dass Sie und Ihr Partner in ein negatives Muster verstrickt sind, das Ihre Liebe blockiert. Das können Sie ändern, denn das Unglück beginnt im Kopf. Es entsteht aus den schlechten Bildern der Liebe, mit denen unser Hirn belastet wurde und in die wir durch negatives Verhalten täglich neu hineintappen.

Steigen Sie aus dem Unglück aus. Hören Sie auf zu tun und zu denken, was Sie unglücklich macht. Beenden Sie Ihr Unglück hier und jetzt. Sie werden staunen, was dann passiert.

Schwächen

Bestsellerautor Gordon Livingston, ein Psychiater, hat ein einfaches Rezept für eine gelungene Partnerschaft: Machen Sie einen großen Bogen um gestörte Menschen und holen Sie im Zweifelsfall vor der Hochzeit ein psychiatrisches Gutachten ein – kein wirklich brauchbarer Vorschlag, schon gar nicht für die zweite Lebenshälfte, wo nach allgemeiner Erfahrung die potenziellen Partner verheiratet, verschroben oder homosexuell sind. Kein Wunder, dass bei solchem Rat verletzte, mit Schwächen behaftete, entmutigte Menschen an das Partnerglück gar nicht mehr glauben wollen. Die Konsequenzen solch Denkens sind fatal, denn es spaltet die Menschheit in zwei Gruppen: Glückliche Paare mit gutem Charakter dürfen in den Liebeshimmel, psychisch Kranke und Schwierige sitzen auf ewig verdammt in der Hölle der Einsamkeit.

Vielleicht beschreibt dies unsere Beziehungslandschaft ganz treffend. Wer glücklich ist, hat Glück, wer unglücklich ist, hat Pech gehabt. Den Seinen gibt's der Herr im Schlaf, die anderen mögen ungeliebt an gebrochenem Herzen zugrunde gehen. Mathematisch gesehen ist Liebesglück ein Lottosechser.

Laut ärztlicher Erfahrung haben 40 % aller Menschen psychische Probleme, die scheiden schon mal als gute Partner aus. Für die restlichen 60 % reduziert sich die Wahrscheinlichkeit, einen „guten Partner" zu finden auf etwa die Hälfte (denn jeder Zweite, den man trifft, führt unausweichlich in die Katastrophe). Daraus folgt, dass nur ein Drittel der Paare aus zwei „guten" Partnern besteht und die Chance auf eine gute Ehe hat, vorausgesetzt sie machen alles richtig. Viele brechen Partnerschaften wieder ab, wenn die Fehler des Partners sichtbar werden, suchen nach dem idealen Partner und sind immer wieder enttäuscht, dass der einfach nicht zu finden ist. Andere versuchen jahrzehntelang, dem Partner die Fehler auszutreiben und geben schließlich frustriert auf.

Livingston bedient unsere Sehnsucht, den perfekten Partner zu finden. Aber das ist nicht möglich. Jeder Mensch hat Schwächen. Der Ehemann die seinen, der neue Freund macht andere Probleme, wenn man erst mit ihm zusammenlebt. Die Frage ist daher, ob und wie man mit den Fehlern seines Partners, aber auch mit seinen eigenen umgehen kann, ob man lernen kann, sie zu vermeiden oder ihre Auswirkung einzugrenzen.

Agnes und Paul sind seit zwanzig Jahren verheiratet. Anfangs geht alles gut. Wenn Paul abends sein Bier trinkt, ist er entspannt und nett. Bald werden es aber zwei, drei, zehn Biere und ein paar Schnäpschen dazu. Anfangs denkt sich Agnes, das ist der Stress und das gibt sich schon wieder. Dann erduldet sie viele Jahre lang den Alkoholismus ihres Mannes und wird dabei immer unglücklicher. Schließlich reicht es ihr und sie spricht von Scheidung. Um seine Frau nicht zu verlieren, macht Paul endlich eine Entziehungskur mit mehrmonatiger Rehabilitation und anschließender Psychotherapie. Er erinnert sich daran, wie seine Eltern ihn abgelehnt haben, dass er auf einen schlechten Pflegeplatz kam und bald begann, sein psychisches Leid mit Alkohol zu betäuben. Als er all das betrauert hat, gelingt es ihm, trocken zu bleiben, und die Ehe mit Agnes ist wieder schön.

Verbesserungsvorschläge

Wenn Sie mit dem Gedanken spielen, sich scheiden zu lassen, werden Sie im Beziehungstest in Teil IV die Schwächen Ihres Partners wahrscheinlich als dickes Minus verbuchen und 5 Minuspunkte vergeben. Wenn Sie noch eine Chance sehen, dann können Sie ein Minus neutralisieren, indem Sie Verbesserungsmöglichkeiten nutzen.

Wenn der Partner Fehler hat:

1. Lassen Sie sich nicht von den Schwächen des Partners entmutigen. Warten Sie nicht wie König Drosselbarts Prinzessin auf den einzig Richtigen, der doch nie kommt. Nehmen Sie, was Sie kriegen können. Einen ganz normalen Menschen, der genug Stärken hat, um liebenswert zu sein, aber auch Schwächen, um Sie in Ihren Stärken zu fordern.

2. Nehmen Sie dem Partner nicht die Verantwortung für seine Schwächen ab. Nur er kann sie lösen. Sie können ihm seine Fehler aufzeigen, aber versuchen Sie nicht ihn umzuerziehen. Dann macht er nur aus Trotz so weiter wie bisher.

3. Grenzen Sie sich von seinen Schwächen ab. Lassen Sie sich nicht in sein Jammertal hineinziehen. Wenn Sie ihn trösten und bedauern, verstärken Sie damit sein Fehlverhalten, denn er ist es gewohnt, durch Jammern die Aufmerksamkeit auf sich zu ziehen.

4. Motivieren Sie ihn, an sich zu arbeiten, Therapie und Selbsterfahrung zu machen. Glauben Sie daran, dass er sich ändern kann.

5. Sagen Sie ihm, dass Sie ihn trotzdem lieben, dann fällt es ihm leichter, sich Ihnen zuliebe zu ändern.

6. Manche Fehler verschwinden nicht, weil der Partner sie gar nicht als Fehler, sondern als seine Eigenschaften ansieht. Versuchen Sie diese zu übersehen, zu tolerieren. Wie der Partner sein Leben lebt, muss er schließlich selbst entscheiden.

7. Einigen Sie sich auf einen Kompromiss, was das Verhalten in der Partnerschaft betrifft. Ein unpünktlicher Partner kann lernen, bei Treffen mit Ihnen halbwegs pünktlich zu sein, auch wenn er es sonst nie ist.

8. Nehmen Sie manches nicht so wichtig. Der Partner kleidet sich grässlich, aber ist das nicht seine Sache?

9. Nehmen Sie seine Fehler als Herausforderung und entdecken Sie, was darin auch an Positivem steckt, wovon Sie sich anstecken lassen können. Ihr Partner ist ein Chaot, und das macht Sie wahnsinnig? Er hat aber viel Spaß in seiner Gedankenlosigkeit und ein bisschen Spaß ist ja gar nicht so schlecht.

Wenn Ihnen Ihre Fehler vorgeworfen werden:

1. Lernen Sie Neues dazu. Sie haben schon so viel in Ihrem Leben gelernt, da haben Sie Kochen, Bügeln und Wickeln ganz schnell heraus.

2. Wenn Sie unter der Schwäche selbst leiden, machen Sie eine Psychotherapie oder Persönlichkeitstrainings. Dort werden Sie die Schwäche nämlich los, und das tut Ihnen beiden gut, Ihnen und Ihrem Partner.

3. Wenn Sie Ihr Verhalten richtig finden, erklären Sie es dem Partner und bleiben Sie dabei. Machen Sie aber Kompromisse und tun das Gewünschte in den Zeiten, die Sie gemeinsam verbringen, ihr/ihm zuliebe. Wenn Sie Blumen überflüssig finden, fällt Ihnen trotzdem kein Zacken aus der Krone, wenn Sie hie und da einen Strauß kaufen.

Verletzungen

Du hast mich mit unserem Kind alleine gelassen.
Du hast mich geschlagen.
Du hast mich betrogen.
Du hast mich belogen.

Du hast mein Geld veruntreut.
Du hast mich benutzt.
Du hast nie etwas zum Haushalt beigetragen.
Du hast nie Alimente bezahlt.
Wegen dir musste ich meinen Beruf aufgeben.
Du hast mich nie geliebt.
Du hast immer zu deinen Eltern gehalten.
Du hast dich nicht zu mir bekannt.
Meine Bedürfnisse sind dir egal.
Du hast mich dominiert.
Du hast den Hochzeitstag vergessen.
Du hast mich verlassen.
Du hattest nie Zeit für mich.
Dir waren deine Hobbys, deine Freunde, deine Karriere wichtiger als ich.
Du wolltest nie mit mir schlafen.

Paare in der Krise können stunden-, tage-, jahrelang über vergangene Untaten streiten. Sie kramen immer neue Erinnerungen aus der Müllkiste ihrer Beziehung und bewerfen sich mit altem Dreck, bis alles zum Himmel stinkt. Das kann notwendig sein, um loszuwerden, was die Partnerschaft behindert. Aber die Betonung sollte auf der Reinigung liegen, der Mist im Müll landen statt auf dem Kopf des Partners. Sich täglich den Dreck der Vergangenheit an den Kopf zu werfen ist keine gute Sache, denn dann sieht die Beziehung bald aus wie eine Mülldeponie. Viele Paare halten das Müllwerfen für eine olympische Disziplin. Wer seinen Partner am schnellsten und öftesten trifft, ist Sieger. Gewinner bleiben aber oft allein, weil der Verlierer sich aus dem Staub macht.

Wir sind Menschen und machen nun mal Fehler. Fehler in der Beziehung geschehen nicht mit Absicht, sondern aus Unwissen oder Gedankenlosigkeit. Es ist Gott sei Dank selten, dass Männer ihre Frauen mit Absicht quälen, aber ein weit verbreitetes Phänomen, dass sie den Hochzeitstag vergessen, weil sie den Kopf voller Arbeit haben. Das nehmen Ehefrauen im Allgemeinen übel und schon haben sie etwas in der Hand, was sie dem Partner bis ans Ende seiner Tage vorhalten können. In einer zwanzigjährigen Ehe sammeln sich viele solcher Fehler an, so wird das Sündenregister länger. Das macht die Männer erpressbar, denn in der Regel können wir schlecht damit umgehen, wenn die Frauen uns böse sind.

Man sollte die Ehe nicht mit einem Beichtstuhl verwechseln, wo man regelmäßig seine Sünden bekennt. Dann fühlt sich einer verdammt und der andere wird zur göttlichen Instanz, die über Gut und Böse entscheidet. Wie kann ich Buße tun, um deine Liebe zurückzugewinnen? Solange Buße zum Erfolg führt, mag das angehen. Wenn der vergessene Hochzeitstag durch Blumen, Geschenke oder Geschirrspülen abgearbeitet werden kann, ist es eine Überlegung wert, die Partnerin dadurch versöhnlich zu stimmen.

Kritisch wird es bei der ewigen Verdammnis: Am 7. 12. 1995 hast du mich mit deiner Sekretärin betrogen, und das verzeihe ich dir nie. Dafür musst du für alle Zeit in der Hölle meiner Verachtung schmoren. Du musst zu jeder Tages- und Nachtzeit damit rechnen, dass dich der Bannstrahl des Liebesentzugs trifft.

Es empfiehlt sich nicht, den Partner ewig zu strafen. Manche Ehefrauen (aber auch eifersüchtige, zwanghafte, fanatische Ehemänner) haben eine üble Nachrede, weil sie nicht verzeihen können. Es gibt sicher Fehler, derentwegen man ein schlechtes Gewissen hat. (Selbiges macht den Seitensprung weniger lustvoll, als man vom körperlichen Ablauf her vermuten würde.) Aber alles was man erkennt, kann man auch ändern.

Ralf ist unglücklich in seiner Beziehung, weil seine Frau Petra ihn oft kritisiert. Als eine Bekannte sich an ihn heranmacht und ihn anhimmelt, erliegt er der Verführung, obwohl er diese gar nicht liebt. Aber Regina sieht ihn so positiv, und das hat er schon lange vermisst. Als die Affäre auffliegt, wird Petra zur Furie, schüttet ständig ihre ganze Wut vor Ralf aus. Er kehrt zu seiner Frau zurück, wird nun aber ständig kritisiert. Er ist sich nach wie vor sicher, dass Petra seine Traumfrau ist, aber die ständigen Vorwürfe hält er nicht aus. Die beiden machen eine Paartherapie und entdecken, dass sich in ihrem Streit ihre Kindheitserfahrungen spiegeln. Ralf wurde schon als Kind ständig kritisiert und beschimpft, Petra litt unter ihrem unzuverlässigen Vater, der die Mutter ständig betrog. Langsam können die beiden Schuldgefühle und Hass an die richtige Adresse schicken und einen Schlussstrich unter die Vergangenheit ziehen.

Verbesserungsvorschläge

Wenn Sie wütend sind:

1. Ewiges Lamentieren über alte Sünden lässt sich auf einen Nenner bringen: Ich hätte gern mehr von deiner Liebe. Mehr Zeit, mehr Gefühl, mehr Lust, mehr Herz. Mehr von den köstlichen Empfindungen, die unsere Liebe ausmachen und derentwegen ich mich in dich verliebt habe. Versuchen Sie das, was Ihnen in der Beziehung fehlt, positiv als Wunsch zu formulieren, dann fällt es dem Partner leichter, darauf einzugehen.

2. Machen Sie einen Schlussstrich unter die Vergangenheit. Was passiert ist, ist passiert, man kann es nicht ungeschehen machen. Trennen Sie sich vom Müll der Vergangenheit, füttern Sie sich statt mit Vorwürfen lieber mit Honig, Schokolade und Komplimenten.

3. Entrümpeln Sie Ihre Beziehung. Legen Sie gemeinsam fest, was Sie alles nicht mehr tun wollen. Es kann helfen, dann auch gleich das Haus zu entrümpeln und alles wegzuschmeißen, was Sie an Negatives erinnert.

4. Beißen Sie sich nicht an der Vergangenheit fest, denn dann versäumen Sie die Gegenwart. Ja, vor zwanzig Jahren war Ihr Mann ein schwacher, unaufmerksamer Mensch, der Sie oft gekränkt hat. Aber heute kann er doch längst alles, was Sie von ihm wollten. Genießen Sie das Heute und lassen Sie die Vergangenheit los.

5. Verzeihen Sie dem Partner. Wir machen alle Fehler, auch Sie selbst. Wenn Sie dem Partner verzeihen und ihn umarmen, beruhigt sich auch Ihr Ärger. Und Sie können umgekehrt damit rechnen, dass auch Ihnen verziehen wird, wenn Sie mal was verbocken.

Wenn Sie kritisiert werden:

1. Über eigene Fehler haben wir am meisten Macht. Wir können sie in Zukunft vermeiden. Fehler erkennen, sich entschuldigen und dann liebevoll mit dem Partner umgehen – so einfach ist es, in den Himmel der Liebe zu kommen. Es ist nie zu spät. Ein vernünftiger Partner wird sich freuen, wenn endlich klappt, was er so lange vermisst hat.

2. Der häufigste dieser unverzeihlichen Fehler ist die Lieblosigkeit. Wenn einem schmerzhaft bewusst wird, dass man seinen Partner zu lange ignoriert, abgewiesen, verletzt hat, geht man durchs Fegefeuer. Ist ja wirklich zu blöd, man hätte es besser wissen, vor allem besser machen müssen, man versteht sich selbst nicht. Wie konnte das nur passieren? Behandeln Sie Ihren Partner ab da liebevoll und sagen Sie ihm immer wieder, wie wichtig er Ihnen ist.

3. Schreiben Sie gemeinsam die Sünden auf ein Blatt Papier und verbrennen Sie es.

4. Wenn Sie sich zu Unrecht kritisiert fühlen, bleiben Sie sich selber treu. Steigen Sie nicht auf den Streit ein. Ihr Partner muss seine Wut loswerden, und das

soll er auch. Das halten Sie schon aus. Lassen Sie sich aber kein Schuldgefühl einreden, das Sie nicht haben.

5. Rechtfertigen Sie sich nur einmal, um Ihren Standpunkt deutlich zu machen. Wenn danach die Kritik nicht aufhört, hören Sie der Partnerin oder dem Partner einfach zu. Versuchen Sie, ihren Standpunkt zu verstehen. Lassen Sie die beiden Standpunkte nebeneinander stehen und streiten Sie nicht darum, wer Recht hat. Seien Sie der Klügere und geben Sie ihm oder ihr Recht.

Fixe Vorstellungen

„I´m sick and tired of living up to your expectations." (Ich bin es leid, deine Erwartungen zu erfüllen.) Diese englische Redewendung drückt aus, was bei vielen Paaren schiefläuft. Erwartungen, wie der Partner zu sein und zu handeln hätte, werden zum Instrument, um ihn zu kritisieren, ja zu terrorisieren. Er kann sich noch so bemühen, nie ist er gut genug. Bis er genug davon hat, in der Beziehung den Sündenbock abzugeben.

Erwartungen können etwas Schönes sein. Auf ein Rendezvous zu warten, sich die romantische Begegnung auszumalen, macht das Warten reizvoll. Die Fantasie erfüllt das Leben mit Freude, selbst wenn sich nicht alles erfüllt. Etwas zu erwarten ist ein Vorwegnehmen der Zukunft, kann ein Plan sein, wie wir unser Leben gestalten. Erwartungen sind offen, voller Neugier und Bereitschaft, sich überraschen zu lassen, wenn es denn anders kommt.

Bei Perfektionisten verkommt die Erwartung zum Zwang. Wenn es nicht so kommt wie erwartet, ist man enttäuscht, verflucht sein Schicksal und schickt seinen Partner ins Land des Pfeffers.

Ein Mann terrorisiert seine Frau seit Jahren damit, dass ihm ihr Aussehen nicht passt. Bei der Hochzeit war sie schlank, nach vielen Ehejahren ist sie füllig geworden. Der Mann stellt die Regel auf, dass schöne Frauen dünn zu sein und dicke Frauen kein Recht auf Liebe hätten. Die 15-jährige Tochter Jolie wird magersüchtig, da sie jahrelang zuhört, wie der Vater über das Übergewicht der Mutter lamentiert, und zusieht, wie diese aus schlechtem Gewissen von einer Diät in die nächste stolpert. Also glaubt Jolie, sie würde umso mehr Liebe bekommen, je dünner sie ist. Bis sie knapp vor dem Tod durch Verhungern steht.
Als der Vater in der Therapie erfährt, dass sein Verhalten das Leben seiner Tochter gefährdet, ist er schockiert. Er lernt, seine Vorstellungen zu hinterfragen und

seiner Frau Komplimente zu machen. Er soll zu Hause Übungen machen, z.B.
mit geschlossenen Augen seine Frau streicheln und einfach spüren, und lernt
dadurch, ihre Weiblichkeit neu zu schätzen. Er erinnert sich an das Übergewicht
seiner Mutter, die er in schlechter Erinnerung hat, und erkennt, dass er die Kurven
seiner Frau deshalb abgelehnt hat. Als die Eltern wieder Spaß aneinander finden,
verschwindet Jolies Krankheit.

Männer haben eine fixe Vorstellung, wie die ideale Partnerin auszusehen hat:
blond, schlank, mandeläugig, grazil, hübscher Busen, enge Taille. Und dann verliebt
man sich in das Gegenteil seines Typs, eine kräftige, kurvige Frau. Soll man die jetzt
sausen lassen, weil sie die falschen Gene hat? Man sucht jahrelang, bis man seine
Traumfrau gefunden hat. Und dann verändert die sich! Schaut mit vierzig anders
aus als mit zwanzig. Ja, darf die denn das?

Frauen haben meist eine fixe Vorstellung, wie der Charakter des Partners sein
sollte. Stark, ruhig, zuverlässig, intelligent, lieb und nett. Außerdem sollte er Geld
haben. Ein hohes Ansehen wäre nicht schlecht, ein Doktortitel sowieso. Aus den
richtigen Kreisen soll er auch kommen. Und dann verliebt man sich in einen Stu-
dienabbrecher, der nichts auf der hohen Kante hat, sich impulsiv gebärdet und
Alkohol trinkt. Ein Typ, vor dem uns die Eltern immer gewarnt haben.

Vorstellungen und Prognosen sind Hilfsmittel, um die Unberechenbarkeit des
Lebens in den Griff zu kriegen. Als solche haben sie eine beruhigende Wirkung,
ähnlich wie Baldriantropfen. Wir bilden uns ein zu wissen, wie das Leben geht, auch
wenn wir eigentlich gar nichts wissen. Menschen mit fixen Vorstellungen sind wie
Wirtschaftsforscher, die im Brustton der Überzeugung die Wachstumsrate fürs
nächste Jahr verkünden, um ein halbes Jahr später kleinlaut zuzugeben, dass die
Prognose wohl „revidiert" werden müsse – also schlicht und einfach falsch war.
Das Leben lässt sich nicht berechnen. Das Liebesleben schon gar nicht.

Verbesserungsvorschläge

Wenn Sie zu fixe Vorstellungen haben:

1. Akzeptieren Sie Ihre Vorstellungen, die sind einfach da. Relativieren Sie diese
   aber auch. Nehmen Sie sie nicht mehr so ernst und hören Sie auf, den Partner
   danach umzukrempeln.

2. Üben Sie zu akzeptieren, dass eine Beziehung voller Veränderung ist. Lassen
   Sie sich überraschen von den Neuigkeiten, die das Leben bereithält. Lassen

Sie sich faszinieren von den unbekannten Seiten des Partners. Bedenken Sie: Ein berechenbarer Partner wäre etwas Schreckliches. Stellen Sie sich vor, Sie wüssten heute, was Ihr Mann in den nächsten zwanzig Jahren tun wird. Die Ehe wäre langweilig wie ein alter Film, den Sie zum zehnten Mal ansehen. Die meisten Frauen werfen ihren Männern vor, dass sie sich nicht entwickeln, also auf dem Stand von vor zwanzig Jahren stehen geblieben sind. Die fixe Vorstellung von damals ist der Fehler von heute.

3. Lassen Sie sich überraschen von den Wendungen des Lebens. Wo die Liebe hinfällt, wirft sie alle Vorstellungen über den Haufen. Manchmal ist das Unbekannte das, was uns anzieht. Weil der Partner Eigenschaften hat, die uns ergänzen, herausfordern, zur Entwicklung anregen. Fixe Vorstellungen sind keine Garantie fürs Liebesglück. Viele Ehen, die unter den besten Voraussetzungen geschlossen wurden, sind längst geschieden – obwohl alles gestimmt hat und die zwei doch so gut zusammenpassten.

4. Nehmen Sie, was Ihr Partner Ihnen gibt. Schreiben Sie auf einen Zettel, was Sie alles von ihm bekommen. Das ist meist eine ganze Menge – Vertrauen, Sicherheit, Geld, Aufmerksamkeit –, aber man nimmt es im Lauf der Zeit für selbstverständlich. Stellen Sie sich nun vor, Ihr Partner wäre verschwunden und Sie müssten das alles vermissen. Freuen Sie sich dann darüber, dass er noch für Sie da ist.

5. Trauen Sie dem Partner alles zu und erwarten Sie nichts. Fixe Vorstellungen taugen nur kurze Zeit. Denn das Leben ist ein Prozess, wir ändern uns ständig. Oft heiraten wir den idealen Partner, haben unser Liebesglück nach allen Kriterien errechnet, um dann nach einigen Jahren draufzukommen, dass wir uns verrechnet haben. Denn der Traumprinz entpuppt sich als jemand ganz anderer. Als Liebhaber charmant, wird er als Ehemann rüpelhaft. Anfangs zärtlich und aufmerksam, wird er später egozentrisch und ignorant. Umgekehrt verändern sich andere durch Liebe zum Besseren. Das Aschenputtel wird zur Prinzessin, sobald man ihm Beachtung schenkt. Glauben Sie daher an Ihren Partner. Glauben Sie an seine Fähigkeit, sich zu verändern und auf Sie einzugehen. Damit schaffen Sie Raum dafür, dass er so wird, wie Sie es sich wünschen.

6. Schließen Sie Ihre Augen und stellen Sie sich alle Männer/Frauen vor, die Sie im Laufe Ihres Lebens kennengelernt haben. Darunter sind Partner, die Sie gewählt oder zurückgewiesen haben – dicke, dünne, nette, junge, alte, intellektuelle, praktische, blonde, schwarze, ewige und kurzzeitige Bekanntschaften. Aus all diesen Möglichkeiten haben Sie Ihren Partner gewählt, in der Freiheit, auch jemand ganz anderen zu nehmen. Erinnern Sie sich an die Gründe Ihrer Wahl. Vielleicht lagen Sie gar nicht so falsch.

Müde Ehe

Wenn Sie kritisiert werden:

1. Nehmen Sie sich einseitige Vorstellungen des Partners nicht zu Herzen. Diese haben nichts mit Ihnen zu tun, sondern haben ihren Grund in der Lebensgeschichte des Partners. Bleiben Sie sich selber treu.

2. Gehen Sie auf seine Vorstellungen ein, soweit es für Sie passt. Manche Vorstellungen sind ja durchaus brauchbar, wenn sie in Maßen umgesetzt werden.

3. Wehren Sie sich gegen Forderungen, die zu weit gehen. Manches muss ausgestritten werden.

4. Wenn der Partner keine Ruhe gibt, trennen Sie sich vorübergehend. Das macht den Partner oft kompromissbereit. Wenn nicht, dann wird klar, dass die Beziehung ein Ablaufdatum hat.

Unerfüllte Erwartungen

Wenn man sich verliebt, traut man dem Partner alles zu. Er wird mich retten, befriedigen, glücklich machen, die besten Seiten in mir wecken. Wenn der Alltag kommt, werden die Erwartungen realistischer. Der Partner ist auch nur ein Mensch mit Schwächen. Und retten muss man sich selbst.

Wenn man sich auf den idealen Seelenpartner gefreut und ihn dann auch gefunden hat, kann man auf lange gehegte Erwartungen nicht verzichten. Der Traum vom Ideal wird dann ein Muss, ein Forderungskatalog:

Du musst immer für mich da sein.
Du musst erfolgreich sein.
Du musst immer Lust haben.
Du musst Kinder lieben.
Du musst stark, aber darfst nicht dominant sein.
Du musst immer ein offenes Ohr haben.
Du musst Karriere machen.
Du musst jung, schön und sexy sein.
Du musst viel Geld verdienen und mich verwöhnen.

Frauen idealisieren ihre Männer gern. Umso enttäuschter sind sie von der Realität. Wie sollen wir Männer nun sein? Macho, Softie, Soft-Macho, harter Kerl in weichem

Gewand, außen fest, innen butterweich oder ein Steinzeittier mit englischen Manieren? Wenn Frauen mit der Bestandsaufnahme unzufrieden sind, machen sie sich ans Verbessern. Hinter jedem erfolgreichen Mann steckt eine starke Frau, die ihn antreibt. Also ran ans Werk der Nacherziehung.

Frauen sollen sanft, verständnisvoll sein und in der Kirche schweigen. Am besten auch bei gescheiten Gesprächen. Denn was verstehen sie schon von Politik, Fußball, Atomphysik? Wer sich in ein Schema gepresst fühlt, wird sich in der Beziehung nicht wohl fühlen.

Sandra und Egon sind ehrgeizig. Sie wollen nach oben und stecken ihre ganze Energie in die gemeinsame Firma. Sie bieten ihren Kunden perfekten Service und stacheln sich gegenseitig zu Höchstleistungen an. In der Freizeit betreiben sie Networking, wofür sich Sandra elegant stylt. Wäre ja gelacht, wenn sie es nicht schaffen würden. Also macht Egon als Chef Karriere, finanziert den immer teureren Lebensstil. Sandra investiert in ihre Schönheit und wird eine Vorzeigedame. Nach Jahren fühlt sich Sandra nicht mehr wohl in dieser künstlichen Welt des Prestiges, macht aber aus Liebe zu Egon weiter. Schließlich erlebt sie seine Erwartungen als Zwang, aus dem sie ausbrechen muss. Sie zieht aus, verliebt sich in einen ausgeflippten Künstler, das Gegenteil von Egon. Ein Rosenkrieg beginnt, beide haben viel zu verlieren, Geld, aber auch all die Erwartungen, die nun nicht mehr aufgehen.

Verbesserungsvorschläge

1. Reduzieren Sie die Erwartungen auf ein realistisches Maß. Das riesige Traumhaus ist vielleicht mehr Belastung als Gewinn an Lebensqualität. Vielleicht lebt es sich in einer Wohnung viel einfacher. Manche Erwartungen kann Ihr Partner nicht erfüllen, weil sie nicht zu seinem Leben passen. Versuchen Sie, ihn so zu nehmen, wie er ist.

2. Versuchen Sie nicht, Ihren Mann umzuerziehen. (Er ist ja schon erzogen, auch wenn Sie das manchmal bezweifeln.) Es gibt wenig, wovor Männer mehr Angst haben, als vor dem Drill der Frau, die sich wie eine zweite Mutter gebärdet und dem Rotzbuben Manieren beibringt. Wenn die Frau zur Mami mutiert, nimmt man die Füße in die Hand und macht sich aus dem Staub. Versuchen Sie das nur, wenn Sie ihn wirklich loswerden wollen.

3. Kritteln Sie nicht an Ihrer Frau herum. „Der Busen könnte größer sein, aber es gibt ja Implantate. Ein paar Zentimeter weniger Taille lassen sich herunterhungern. Und die Pobacken sind etwas schlaff, also auf ins Fitnessstudio. (Reg dich

nicht auf, ich bezahle es.) Rote Haare mag ich nicht, aber der Friseur kriegt das schon hin." Man versteht, wenn eine „geliebte" Frau den goldenen Käfig flieht. Sagen Sie ihr lieber, wie schön sie ist.

4. Erwarten Sie nicht, dass Ihr Partner Ihre Probleme löst. Bleiben Sie autark und sorgen Sie für sich selbst. Sie sind erwachsen und für sich selbst verantwortlich. Dann sind die Enttäuschungen auch nicht so groß, wenn Ihr Partner gerade eine schlechte Phase hat und nichts geben kann. Sie sorgen ja sowieso für sich selbst. Bleiben Sie so selbstständig, wie Sie es als Single waren. Was Ihr Partner Ihnen gibt, ist eine Draufgabe, ein Geschenk, aber nicht lebensnotwendig.

5. Machen Sie Ihre Lebensziele nicht vom Partner abhängig. Jeder von Ihnen beiden hat ein Recht auf seine eigene Entwicklung, und die geht manchmal in eine andere Richtung. Manches macht man gemeinsam, aber die Verschiedenheit kann auch das Salz in der Suppe Ihrer Beziehung sein.

6. Rechnen Sie damit, dass Erwartungen sich ändern. Mit 50 hat man oft ganz andere Ziele als mit 30. Wenn Sie aufrichtig miteinander im Dialog bleiben, werden Sie sich von der Entwicklung Ihres Partners nicht bedroht fühlen, sondern können sich davon anregen lassen.

7. Formulieren Sie realistische Wünsche, die in kleinen Schritten erreichbar sind. „Könntest du heute kochen?" ist leichter zu erfüllen als „Du musst der perfekte Hausmann/die perfekte Hausfrau sein."

8. Verhandeln Sie realistische Wünsche zu Abmachungen, die leicht einzuhalten sind. Am besten geht dies mit Tauschgeschäften, wo jeder etwas zur Lösung beiträgt. „Wenn du dich regelmäßig duscht, hab ich öfter Lust auf dich." „Wenn du mir keine Vorschriften machst, erzähl ich dir mehr von mir." Mit kleinen Schritten kommen Sie allmählich doch zu Ihrem Ziel und jeder kleine Fortschritt macht Mut weiterzugehen.

Schulden

Liebe ist Geben und Nehmen. Zweifellos. Der Austausch mit dem Partner macht glücklich. Wenn wir nehmen, was er zu geben hat, werden wir reich beschenkt.

In einer materiellen Kultur ist Nehmen kein Problem. Geben ist da schon schwieriger. Wer zu viel gibt, fürchtet ausgenommen zu werden wie eine Weihnachtsgans.

Zurzeit leben wir in einer Schuldenkrise. Die Vorstellung, dass unser Wohlstand zusammenbricht, macht ängstlich und pingelig. Wir leben davon, Kredit zu geben. Wenn wir fürchten, dass die Schulden nicht bedient werden, hat bald jeder seinen Kredit verspielt. Dies ist ganz wörtlich zu verstehen. Geld ist in jeder Beziehung ein heißes Eisen. Seit Jahrhunderten versucht man, es zu erheiraten. Und fürchtet gleichzeitig Ehen, die nur einen Zweck haben: uns um unser Erspartes zu bringen.

Das geschieht oft genug. Heiratsschwindler bringen Frauen dazu, für Kredite zu bürgen, und machen sich dann aus dem Staub. Viele Scheidungen haben den Hauptzweck, einen reichen Ehepartner um die Hälfte seines Vermögens zu bringen. Paul McCartney, dem Ex-Beatle, ist dies kürzlich passiert. Nicht nur in seinem Fall macht solch eine Geld-Scheidung einen hässlichen Eindruck. Deshalb wurde das Bankkonto erfunden. Schulden und Guthaben sollen ausgeglichen sein. Was man bekommen hat, muss man zurückzahlen. Im Prinzip jedenfalls. Außer es wird jemand zahlungsunfähig. Dann bleibt der Gläubiger auf seinen Forderungen sitzen. Die Angst vor dem Verlust des Geldes macht misstrauisch. Dann wird man knauserig und rückt nichts mehr heraus. So kam die Wirtschaft im Jahr 2008 fast zum Erliegen.

Viele Beziehungen sind in einer Schuldenkrise, viele Partner im Status von Griechenland. (Um vergangenen Ruhm kann man sich nichts kaufen, wir wollen heute Kohle sehen.) Wir hatten schöne Zeiten, aber du tust meinem Konto nicht gut. Ich habe dir alles gegeben, für deine Kredite gebürgt, die Arbeit erledigt und du hast nur genommen. Du hast dich bedienen lassen wie eine Drohne. Und Drohnen werden hinausgeschmissen.

Frauen sieht man es nach, wenn sie kein Geld verdienen, denn die Tradition sah das nicht vor. Finanzschwache Männer aber haben eine kurze Verweildauer in einer Beziehung, in der von ihnen die Rolle des Ernährers erwartet wird.

Elke verliebt sich in Jonas, weil er so charmant und zuvorkommend ist. Leider ist er arbeitslos, aber er erklärt ihr, dass er an einer tollen Erfindung arbeite, mit der sie beide bald reich würden. So finanziert Elke zunächst den gemeinsamen Haushalt, im Glauben, dass dies nur ein vorübergehender Zustand sei. Es vergehen ein, zwei, drei Jahre und die revolutionäre Erfindung wird und wird nicht fertig. Als Elke den Glauben daran verliert, fordert sie, dass Jonas sich endlich eine Arbeit sucht. Der fühlt sich als verkanntes Genie und lehnt dieses Ansinnen rundweg ab. Lieber zieht er aus und sucht sich ein neues Opfer, das seine Geschichte glaubt. Elke ist um eine Erfahrung reicher, aber um viel Geld und verlorene Hoffnungen ärmer.

Wenn die Beziehung zum Bankkonto wird, hat die Liebe schon einen Knacks. Denn solange die Liebe fließt, füllt sie alle Löcher auf. Wenn eine einst nette Ehefrau zur Inkassobeamtin mutiert, dann fühlt sie sich nicht mehr geliebt. Schulden einfordern ist ein letzter Versuch, das wunderbare Gefühl wiederzufinden, das einen zusammengebracht hat. Genau dadurch verliert man es ganz.

Verbesserungsvorschläge

1. Die Lösung ist einfach: Fragen Sie nach, was der Partner braucht, und geben Sie ihm, was Sie haben. Jeder hat etwas anzubieten, jeder kann etwas tauschen. Wenn jeder seine Stärken gibt, so gut und so viel er kann, gleichen sich die Konten von selbst aus. Wenn Sie das noch mit Liebe tun, dann besorgt die Liebe den Rest.

2. Wenn einer viel hat und der andere wenig, es aber für beide reicht, ist Liebe wichtiger als Geld. Doch erwartet man einen Ausgleich auf anderen Ebenen. Die Hausfrau bringt ihre Arbeit ein, der Gatte der Karrierefrau sein Verständnis und seine Geduld.

3. Wenn einer so gar nichts bringt, ist er in den roten Zahlen. Reden Sie ehrlich darüber, aber nicht als Vorwurf, sondern sachlich, um einen Ausgleich zu finden. Jammern, was der Partner so alles nicht gibt, vergiftet nur die Atmosphäre. („Du schuldest mir … Geld, Arbeit, Aufmerksamkeit, drei Kinder, Sex, gutes Essen, Urlaube, ein Auto, meine Karrierechance, eine Villa, ein Leben im Jetset.") Das Schuldenkonto hat viele Spalten, die man auf Minus stellen kann, aber das bringt Sie nicht weiter. Trauen Sie Ihrem Partner zu, dass er die Bilanz in Ordnung bringt.

4. Bleiben Sie konsequent, verschenken Sie weder Ihr Geld noch Ihre Energie, wenn Ihr Partner dazu neigt, Sie auszunutzen. Wenn er ein notorischer Schuldner bleibt, ziehen Sie rechtzeitig die Schlussbilanz: Dir geb ich keinen Heller mehr, drum ist´s mit uns beiden zu Ende.

5. Jeder Mensch kann in eine Lebenskrise geraten und knapp bei Kassa oder Energie sein. Sie verlieben sich vielleicht in jemand, den Sie erst aus dem Sumpf ziehen müssen. Dem werden Sie Starthilfe geben und in die Beziehung investieren, damit er auf die Beine kommt. Machen Sie danach einen Schuldenschnitt und beginnen beide bei null. Ab dem Schuldenschnitt fordern Sie gleichen Einsatz und ausgeglichene Bilanz ein.

6. Führen Sie getrennte Konten, dadurch bleibt klarer, wer was ausgibt. Reden Sie regelmäßig über Ihre Finanzen, damit Sie dabei keine bösen Überraschungen erleben. Auch wenn Sie über Geld streiten und darüber, wer sich was leisten darf – durch regelmäßige Beschäftigung damit werden Sie ein lebbares Arrangement finden.

Alter

Bis wir dreißig sind, sehen wir uns ewig jung. Mit vierzig rückt das Alter näher. Ab fünfzig versuchen Frauen, Jugendlichkeit mit Kosmetik und Chirurgie zu konservieren. Männer suchen sich junge Frauen, um sich wieder als Adonis zu fühlen. Europa steckt im Jugendwahn. In den meisten Kulturen galt und gilt das Alter als wertvoll, als Hort der Weisheit. Unsere Kultur hat sich der Jugend verschrieben, und dies treibt seltsame Blüten, vor allem in der Partnerschaft.

Wenn man lange zusammenbleibt, verliert der Partner scheinbar an Wert. Man heiratet eine hübsche Prinzessin. Und was macht man daraus? Eine alte Schachtel. Der fesche Bräutigam von einst, wie sieht er heute aus? Glatze, Bauch und dünne Beinchen. Konten tragen Zinsen, Körper verlieren an Wert, Jahr für Jahr.

Rein biologisch ist die Ehe zum Tode verurteilt, die Natur tut alles, um die Partner zum Auslaufmodell zu machen. All die Schönheit, der Aufputz, das Imponiergehabe wurden geschaffen, um Kinder zu zeugen. Wenn die Kinder erwachsen sind, hat man seinen Zweck erfüllt. Wozu sollen Brüste und Muskeln schwellen, für die Aufzucht ist man ja doch schon zu schwach. Die meisten Tiere sterben dann, Lachse nach der Eiablage, Spinnen werden schon beim Sex gefressen. Die Härte der Natur treibt uns in die Midlife-Crisis. Wir bäumen uns gegen das Schicksal auf, wir sind doch noch jünger als jung. Wir verbrauchen viele Faltencremen und Tabletten zum Muskelaufbau. Schönheitssalons und plastische Chirurgen leben gut von unserer Verzweiflung. Weil man uns eingeredet hat, dass nur schön ist, wer jung ist.

Für Frauen ist es besonders hart, wenn man nur nach dem Äußeren geht. Nach der Menopause verwandelt sich die Beziehung in eine geistige Begegnung. Aber die Männer verwandeln sich nicht, sondern tauschen die Frau gegen ein jüngeres Exemplar. Beginnen wieder von vorn, um scheinbar jung zu bleiben. Dem Verjüngungsritual wird alles geopfert, was zwei gemeinsam aufgebaut haben. So verwandelt sich Liebe in Hass. Alles, was man getan hat, um ihm zu gefallen – umsonst. Man fühlt sich verraten. Das zahlt man ihm heim. Spätestens bei den Scheidungsverhandlungen.

Verbesserungsvorschläge

1. Sehen Sie den Partner jenseits der Zeit (jung, erwachsen und alt). In Ihrer Frau steckt ein junges Mädchen, eine aufgeblühte Schönheit und eine weise Frau. Schöne Frauen sind immer schön, Männer im Alter erst interessant. Catherine Deneuve, Senta Berger, Sean Connery, George Clooney – jung sind die alle nicht. Aber immer noch wunderbar anzusehen.

2. Betrachten Sie die Persönlichkeit, nicht die Haut. Denn Schönheit kommt von innen – als Ausdruck des Charakters. Falten sind Schicksalslinien, Landkarten des Erlebten. Es sind die Seelen, die sich zeigen, viel mehr, als es die Hautzellen tun. Für die Liebe entscheidend ist nicht das Kollagen, sondern die Fülle der Persönlichkeit. Und die nimmt im Alter stetig zu.

3. Halten Sie sich fit und finden Sie zu einem altersgemäßen Stil. Ihr Körper hat sich verändert und braucht andere Kleider. Dann ist alt interessant. Antiquitäten sind oft viel schöner als moderne Produkte. Ähnlich können aparte Damen und Herren das junge Gemüse an Charisma übertreffen.

4. Genießen Sie die Weisheit von Mann und Frau. Im Alter geht es in der Beziehung immer stärker um geistige Entwicklungen. Die Opferung der alten Ehe auf dem Altar der Jugend, das geht nach hinten los. Denn alte Frauen sind weise Frauen, alte Männer erfahrene Persönlichkeiten. Wer dem Wahn der ewigen Jugend verfällt und das Alte nicht schätzen kann, der verrät sich letztlich selbst.

Erfolgsdruck

Seit es soziale Unterschiede gibt, ist die Ehe ein Weg, diese Unterschiede zu betonen. Geld zu Geld, die guten Höfe müssen zusammen, man erheiratet Macht, Einfluss, Privilegien, sogar Königreiche. (Tu, felix Austria, nube!) Die Habsburger erschliefen ein Weltreich im Bett, das gehörte in Wien zum guten Ton. Armen blieb der Traualtar verwehrt, damit war ihr Misserfolg in Stein gemeißelt.

Wer eine gute Partie machen wollte, erwartete von der Hochzeit, dass sie seinen Status verbessern, zumindest absichern würde. Im Idealfall führte die Hochzeit in den Olymp der Mächtigen, im Normalfall verhinderte sie den Absturz ins Bodenlose. So dachten früher die Eltern, wenn sie die Heiratskandidaten aussortierten, um dem Kind den oder die Richtige zu präsentieren. Liebe war Nebensache, die würde sich schon mit der Zeit einstellen.

Brave Mädchen erhalten Märchenprinzen, Königssöhne oder Helden. Da darf man doch davon träumen, dass der Mann nicht Durchschnitt ist. Da Königssöhne selten und meist gar nicht mehr mächtig sind, erwartet sich die ambitionierte Frau zumindest den Helden. Der muss etwas Besonderes sein, Besonderes tun, einen besonderen Charakter haben. Wenn dem so ist, dann wird er auch erfolgreich sein. Frauen wollen zu ihren Männern aufschauen. Gatten sollen eine gute Performance bieten. Was tun, wenn sich der Ehegespons als Versager, Bankrotteur oder Weichei entpuppt? Logischerweise kommt nur eines in Frage: auf den Müllhaufen der Geschichte mit ihm. Geschieden wegen enttäuschter Hoffnungen.

Da tut sich eine Frage auf: Lieben wir den Menschen oder seine Bilanz, sein Wesen oder seine Konten? Für den Abservierten kommt zur Trennung die Bitterkeit der Erkenntnis, wohl nie geliebt gewesen zu sein, denn sonst würde man nicht fallen gelassen wie eine heiße Kartoffel.

Wenn Erfolg das Maß der Ehe ist, steht die Beziehung unter Leistungsdruck, dann muss man sich ständig beweisen, dann ist die Erwähnung der Scheidung ein Wink mit dem Zaunpfahl. Streng dich an, Junge, sonst wirst du bald nicht mehr gebraucht. Lachen Sie nicht! Viele Ehen funktionieren tatsächlich so. Man erwartet sich vom anderen Status und Annehmlichkeiten, reagiert indigniert, wenn die Bonuszahlung nicht fließt. Man verwechselt Genuss mit Liebe und ist sich daher der Liebe nicht sicher. Dann wird bei der Scheidung vor allem um Geld gestritten. Man möchte den größten Teil des Kuchens, denn der war einem schließlich versprochen.

Es gibt eine Wirtschaftstheorie, in der Nobelpreisträger Gary Becker behauptet, Beziehungen beruhten auf Gewinnmaximierung, d.h. wir haben nur die zu Freunden, von denen wir einen Vorteil erwarten. Das mag in der Wirtschaft stimmen, Liebe aber ist etwas anderes. Liebe unterstützt den Partner, gerade wenn es ihm schlecht geht. Liebe sieht das Potenzial, auch wenn die Niederlage kommt. Liebe liebt das Wesen und nicht das gefüllte Konto.

Verbesserungsvorschläge

1. Definieren Sie Erfolg nach Ihren eigenen Werten, denn er ist relativ. Van Gogh, Franz Kafka, viele berühmte Männer waren zu Lebzeiten arme Schlucker. Alois Rohrmoser, Helmut Elsner, viele Mächtige verschwanden in der Versenkung oder gar im Gefängnis. Wäre Erfolg das Maß der Liebe, wäre nur van Goghs Leichnam liebenswert, denn Erfolg hatte der erst nach dem Tod. Für viele liegt Erfolg im Kreativen, für andere im Sozialen, im Helfen, im Großziehen von Kindern oder im Geliebtwerden.

2. Überprüfen Sie, ob wirklich Sie geliebt werden oder nur Ihre Bilanz. Wurden Sie des Geldes wegen oder um Ihrer selbst willen geheiratet? Ersteres führt zu Unzufriedenheit und Verzweiflung. Wer meinen Besitz liebt, der liebt nicht mich. Eine harte Erkenntnis. Liebe kann man nicht kaufen, doch ohne Liebe ist alles nichts wert.

3. Machen Sie Ihren Erfolg nicht vom Partner abhängig, denn Sie macht vielleicht etwas anderes glücklich als ihn. Er ist ein erfolgreicher Manager, Sie lieben Ihr Kunsthandwerk. Ein schöner Krug ist für Sie so viel Erfolg wie ein Millionengeschäft für ihn.

4. Sehen Sie den Erfolg auch in den scheinbaren Niederlagen, die Sie auf den richtigen Weg gebracht haben. Aus Fehlern lernen wir am meisten. Gestehen Sie auch dem Partner seine Niederlagen als Lernprozesse zu.

5. In den Himmel kann man nichts mitnehmen außer seiner Seele und seiner Liebe. Der entgangene Erfolg ist am Ende des Lebens nicht mehr wichtig, das gemeinsam Erlebte schon.

Konkurrenz

Auf dem Land war das Verlieben früher unkompliziert, denn es gab nur wenige Kandidaten, in die man sich verlieben konnte, und von denen blieb meist nur einer übrig, den man dann heiratete. Liebe fand sozusagen ohne Konkurrenz statt. Ganz anders in heutigen Städten. Es gibt hunderte Kandidaten, die Auswahl ist grenzenlos. Es könnte da immer noch jemand Schöneren, Reicheren, Tüchtigeren geben. Und wenn man geheiratet hat, taucht nach einiger Zeit der vermeintlich ideale Partner auf, der einen die getroffene Entscheidung bereuen lässt. Wenn man schon nicht zum ultimativen Mittel der Scheidung greift, dann zumindest zum Seitensprung als Testvergleich, ob der alte oder der neue Kandidat die besseren Qualitäten hat. Treue ist da besonders schwer.

Hollywoodstar Lilly Palmer auf die Frage, warum sie von Rex Harrison geschieden wurde: „Ach, es gab so viele schöne Menschen um uns rum, da wird man früher oder später schwach." Damit war das Risiko der Filmschauspieler treffend erklärt. Je schöner, klüger, gebildeter einer ist, desto größer seine Ansprüche. Liebe wird zum Schlaraffenland, das uns rundum zufriedenstellen soll. Je mehr Menschen des anderen Geschlechts wir treffen, desto weniger können wir uns entscheiden für den Einen, Einzigen, Richtigen. Wir gleichen Kindern in einem Süßigkeitenladen, die eine Sorte wählen müssen, wo doch die Regale voll sind von lauter Köstlichkeiten. So entscheiden wir eben nicht, sondern probieren von allem ein bisschen. Das verträgt sich schlecht mit dem Anspruch auf Treue. Wenn der Partner sich durch alle Schokoladensorten frisst, wird uns speiübel.

Ausprobieren geht in Ordnung, solange man sich nicht entschieden hat. Gern gibt uns der Chocolatier verschiedene Sorten zum Kosten, in der Hoffnung, mit der köstlichsten sein Geschäft zu machen. Wenn man aber seinen ganzen Einkauf zurückbringt und wieder von vorne zu kosten beginnt, ist er wohl nicht mehr so entgegenkommend. Wir sollten also lernen, mit der Konkurrenz umzugehen, bevor wir uns ewig binden. Die voreheliche Sexualität ist der Schokoladeladen. Wir dürfen probieren, uns den Magen verderben, den Cholesterinspiegel in ungeahnte Höhen jagen, die Insulinproduktion diabetesverdächtig ankurbeln, doch irgendwann sollten wir uns der gesunden Ernährung zuwenden, bevor unsere Körperorgane streiken.

Rafael und Conny sind ein sehr attraktives Paar. Sie sind glücklich verheiratet und stehen bei jeder Party im Mittelpunkt. Das geht jahrelang gut, bis Rafael eine Auslandsrepräsentanz leitet und die meiste Zeit allein in Polen ist. Da steigen ihm seine Chancen beim anderen Geschlecht zu Kopf und er ergreift die vielen Gelegenheiten, die sich ihm bieten, beim Schopf. Schließlich bekommt Conny Wind davon und will sich scheiden lassen. Doch sie unternehmen noch einen letzten Versuch und machen gemeinsam eine Familienaufstellung. Darin taucht Rafaels Großvater auf, der als Bürgermeister viele Liebschaften hatte und damit die Großmutter ins Unglück stürzte. Rafael erkennt, dass er unbewusst dessen Verhalten imitiert und ihn dies gar nicht glücklich macht. Er kämpft um Conny, da er doch nur sie allein liebt, und die glaubt ihm dies schließlich.

Verbesserungsvorschläge

1. Verzichten macht das Leben einfacher. Man bleibt normalgewichtig und eben deshalb glücklich. Man wird nicht abhängig von einem Vergnügen, das kurz befriedigt, in großen Mengen aber den Magen verdirbt. Verzichten Sie daher auf Seitensprünge, wenn Sie Ihre Beziehung behalten wollen.

2. „Den Appetit holt man sich unterwegs, gegessen wird zu Hause." Wir können Obst aus aller Welt kaufen, doch heimische Kost ist am bekömmlichsten, weil unser Körper darauf eingestellt ist. Unserem Herzen geht es in der Liebe wie unseren Augen in der Konditorei. Man kann sich nicht sattsehen an den prächtigen Pralinen, mit denen uns der Konditor zum Kauf animiert, aber unser Körper würde das alles gar nicht vertragen.

3. Flirten ist erlaubt. Freuen Sie sich über die vielen Schönheiten, die Sie treffen. Machen Sie Komplimente und lassen Sie Ihren Charme spielen. Es tut gut zu spüren, dass man noch attraktiv ist und die Magie zwischen Mann und Frau kann man in vielen Situationen genießen, aber bleiben Sie Ihrem Partner treu.

4. Kämpfen Sie um den Partner, erobern Sie ihn notfalls zurück. Sie sind doch viel besser als die Rivalin, die stecken Sie doch dreimal in den Sack. Verführen Sie Ihren Mann mit lustvollen Stunden. Betören Sie Ihre Frau mit Romantik, Liebesschwüren und edlen Geschenken.

5. Konkurrenz belebt. Nehmen Sie die Herausforderung an. Womit hat sich der Rivale bei Ihrer Frau eingeschlichen? Was hat ihr imponiert an ihm? Schauen Sie sich die Erfolgsrezepte der Verführer ab, arbeiten Sie an den eigenen Qualitäten und streichen Sie diese heraus: Niemand liebt dich so wie ich, niemand tut so viel für dich, niemand anderer geht mit dir so durch dick und dünn.

6. Machen Sie eine Familienaufstellung und überprüfen Sie, ob hinter den Seitensprüngen nicht ein unbewusstes Familienmuster steckt.

Eifersucht

Man kann sich niemals sicher sein. Wenn einer fremdgehen will, geht er fremd. Allen Liebesschwüren zum Trotz. Womanizer lügen, wenn es ums Sexleben geht. Das weiß man seit John F. Kennedy und Marilyn Monroe. Also kann man ihnen nicht trauen. „Liebling, ich muss länger arbeiten", lässt die Alarmglocken klingen. „Die nächsten Wochen bin ich auswärts", führt zur ersten Panikattacke. „Ich bekomm die Filiale in Tschechien, zwei Jahre Wochenendbeziehung halten wir aus", ist ein ernsthafter Grund, einen Detektiv zu beauftragen, die Fotos vom In-flagranti-Betrug zu schießen. Die hübsche Sekretärin lässt ihren Chef sicher nicht allein oder ist es die Arbeitskollegin? Tschechinnen sollen allesamt männermordende Vamps sein.

„Nein, nein, mein Schatz, du bleibst schön zu Hause." „Aber die Karriere verlangt das, ich tu doch nichts außer Arbeiten." Wer's glaubt. Vertrauen ist gut, Kontrolle ist besser. Also wird die Arbeitstasche durchwühlt, das fremde Parfum am Kragen erschnuppert, die großzügige Buchung hinterfragt: „Liebling, wozu war das Zweibettzimmer?" „Ach weißt du, das Bett war so schön groß."

Die Wissenschaft gibt beim Thema Eifersucht keine Entwarnung. In unseren Genen mischen sich drei sexuelle Verhaltensweisen. Von den Gorillas erbten wir das Imponiergehabe: „Wer viele bumst, ist ein ganzer Kerl." Von Schimpansen und Urmenschen stammt, was Bischöfe in die Angina Pectoris treibt: Wenn die Weibchen heiß waren, schliefen sie mit sämtlichen zur Verfügung stehenden Männern. Die besten Gene setzten sich in der Scheide durch. Erst Homo erectus wurde monogam, um seine Kinder lange erziehen zu können. Treue ist also eine junge Geschichte, eine Million Jahre alt, im Vergleich zu acht Millionen Jahren der Menschwerdung. Der Homo sapiens, eine Rasse im Übergang, gilt im Prinzip als monogam, aber ein bisschen Polygamie verbessert die Streuung der Gene.

Sind der Seitensprung und die Angst vor ihm also genetisch programmiert? Ist das Misstrauen berechtigt? Auch wenn der Ehemann heute treu ist, irgendwann tut er es doch. Und die Ehefrau genauso. Besser man ist gerüstet.

Eifersucht ist ein gefährliches Spiel. Jahrelang bemüht sich der Mann seiner Frau die Eifersucht auszureden. Oder: Jahrelang schwört sie ihm, dass sie nichts mit dem Postboten, dem Nachbarn oder dem Fitnesstrainer hat. Nützt alles nichts. Sie findet ein blondes Haar auf seiner Jacke und bekommt einen Tobsuchtsanfall. Er glaubt ihr das Treffen mit der besten Freundin schon lange nicht mehr.

Irgendwann ist es ohnehin schon egal. Wenn man ständig Prügel für den Seitensprung bekommt, dann kann man ihn auch machen. Dann hat man wenigstens das Vergnügen, der Ärger kommt so oder so. Eifersucht vergiftet die Ehe, wird zur selbsterfüllenden Prophezeiung. Und natürlich zum Scheidungsgrund.

Eifersucht ist Angst, den Partner zu verlieren. Wäre ja nicht das erste Mal, dass sich eine einsame Konkurrentin den verheirateten Superman unter den Nagel reißt. Gegen eine umgarnende Geliebte hat die erschöpfte Hausfrau keine Chance. Sie bleibt sitzen – auf der Arbeit, den Kindern, den Schulden, während der Treulose samt Tussi sich ein schönes Leben macht. Und davor soll man sich nicht fürchten?

Auch eifersüchtige Männer haben Angst. Sind alle Kinder wirklich von mir? Wird mir ein Kuckuckskind untergeschoben? Das jüngste sieht mir so gar nicht ähnlich, dem Postboten (Nachbarn, Fitnesstrainer) aber schon. Das soll ich erziehen, ernähren und lieben?

Verbesserungsvorschläge

1. Lernen Sie, mit der Eifersucht umzugehen, denn irgendwann haben Sie Grund dazu. Die Beziehung überlebt nur, wenn man übt, Ängste auszuhalten. „Wenn du nur einmal fremdgehst, sind wir geschiedene Leute" ist ein löbliches Prinzip, aber es beendet so viele Beziehungen, dass der Seitensprung juristisch die Schuld an der Scheidung definiert.

2. Quälen Sie sich nicht unnötig. Ihre Ehefrau küsst den Freund des Hauses, na und? Bleiben Sie ruhig, anstatt durchzudrehen. Ihr Mann hatte einen harmlosen Flirt, weil er zu tief ins Glas geschaut hat. Schwamm drüber! Glauben Sie Ihrem Partner, dass solche Episoden keine Bedeutung haben.

3. Flirten Sie nicht in Anwesenheit der Partnerin/der Partners, wenn sie/er sich dadurch provoziert fühlt. Ersparen Sie sich öffentliche Eifersuchtsszenen. Wenn Sie gemeinsam ausgehen, ist der Partner das Wichtigste auf der Welt.

4. Übernehmen Sie Verantwortung für die Angst, die Ihre Eifersucht auflodern lässt. Übertriebene Eifersucht hat ihren Grund oft nicht im Partner, sondern im Fehlverhalten der Vorfahren. Der Vater hat die Mutter betrogen, der Opa die Oma sowieso. So weit man blickt nur Lug und Trug. Es zahlt sich aus, die Angst zu akzeptieren, aber nicht am Partner festzumachen. Denn der meint es ernst. Kaum zu glauben, er liebt mich und will mir treu sein. Soll vorkommen. Man sollte ihm – gerade bei schlechter Vorerfahrung – die Chance geben, es auch zu beweisen.

5. Beruhigen Sie Ihren eifersüchtigen Partner, indem Sie regelmäßig telefonieren und Kontakt halten, betonen Sie, wie wichtig er Ihnen ist. Relativieren Sie seine Eifersucht durch sachliche Fakten und Humor.

6. Lassen Sie die Eifersuchtsanfälle vorüberziehen wie ein reinigendes Gewitter. Schließlich zeigen sie, dass Sie einander nicht gleichgültig sind, und führen dazu, dass man seine Liebesschwüre immer wieder erneuert.

7. Bleiben Sie bei der Wahrheit, denn irgendwann kommt sie ja doch auf. Zehn Prozent der Kinder wachsen mit einer Lüge auf, der leibliche Vater wird vertuscht, um die Beziehung zu retten. In Zeiten der Vaterschaftstests fliegt früher oder später alles auf. Besser man schenkt dem Partner gleich reinen Wein ein.

Sexuelle Probleme

Guter Sex ist der Inbegriff gelungener Partnerschaft. Und diese hat eine unwiderlegbare Maßeinheit: die Frequenz des Orgasmus.

Liebe ist physikalisch leicht zu kategorisieren:

7 Mehrmals täglich – der nackte Wahnsinn
6 Täglich Sex – der siebte Himmel
5 Zweimal wöchentlich – normale Beziehung
4 Immer sonntags – traditionelle Beziehung
3 Zweimal monatlich – geht gerade noch
2 Mehrmals im Jahr – wir haben ein Problem
1 Weihnachten ist öfter – kein Kommentar

Diese Richterskala der erotischen Erdbeben klingt logisch, ist dennoch eine Falle, die das Paar zum Therapeuten oder zum Scheidungsrichter führt. Denn Sex ist ein Barometer, das auf alle Umstände reagiert. Lust auf Sex ist ein Messgerät, das Widrigkeiten anzeigt. Krankheiten, die Geburt eines Kindes, Streitigkeiten, Seitensprünge, Unverständnis – jedes Problem kann einen schnell von Stufe 7 auf Stufe 1 abstürzen lassen. Wodurch sich die Krise verschärft. Denn nun kann man nicht nur über das eigentliche Problem, sondern auch über den fehlenden Sex streiten.

Es ist leicht, den Sex zu bekritteln, er ist zu selten und zu wenig gut. Man spielt den Partner an die Wand, schimpft ihn impotent/frigid. Bis er es wirklich ist. Schlechter Sex schlägt die Beziehung tot. Weil unsere Beziehung nicht stimmt, haben wir zu wenig Sex. Mit so wenig Sex funktioniert unsere Beziehung nicht. So bewegt man sich im Kreis, statt die Sinnlichkeit zu verbessern. Bei vielen Ehen steht am Grabstein: verstorben am fehlenden Sex.

Verbesserungsvorschläge

1. Akzeptieren Sie, dass das Verlangen unterschiedlich ist. Denn meist will einer öfter. Trifft man sich in der Mitte, hat man eine normale Beziehung wie die anderen auch. Erzeugen Sie keinen Druck, denn der führt zu Verweigerung. Versuchen Sie lieber, Ihren Partner zu verführen, durch Wein, Musik und Kerzen, durch Charme und Romantik. Probieren Sie es auch einmal mit Körperlichkeit, die nicht zwangsläufig zum Sex führen muss. Umgekehrt kann man sich ruhig auch mal auf Zärtlichkeiten einlassen, selbst wenn man vorerst keine Lust auf

Sex hat. Vielleicht kommt die ja noch. Man kann es ja auch jederzeit beim Kuscheln bewenden lassen.

2. Halten Sie sich vor Augen, dass das Eheleben Zyklen und Schwankungen hat, die ganz natürlich sind. Alte Paare durchlebten im Lauf der Jahre alle Schattierungen der Skala. Man hat immer wieder Flitterwochen und ist sich sehr nahe. Dann wieder ist jeder mit sich selbst beschäftigt, man will nichts voneinander. Die Ehe häutet sich, hat neue Phasen, der Sex muss neu erschlossen werden.

3. Betrachten Sie Sex als Geschenk statt als Forderung. Genießen Sie, was kommt, aber steigen Sie nicht auf die Sexsucht ein, die unsere Gesellschaft suggeriert. Wir werden ständig mit Sex konfrontiert. Das schraubt unsere Ansprüche hoch. „Orgasmus unser" wird zum Nachtgebet. Zumindest in unserer Fantasie.

4. Werden Sie hellhörig, wenn mit Sex angegeben wird. Viele wollen damit nur imponieren. (Ein Erbe aus der Gorillazeit: Die Silberrücken dürfen, die machtlosen Männchen nicht.) Daher wird maßlos übertrieben. Wer gibt schon zu, dass tote Hose herrscht? Da ist man bei den Freunden doch unten durch. Man präsentiert sich lieber als toller Hecht, auch wenn es gar nicht stimmt. So gerät jeder Mann unter Druck. Die anderen haben viel mehr, da kann bei uns was nicht stimmen. Nimmt man den Durchschnitt, dann treiben es die meisten gar nicht so bunt, wie sie an den Stammtischen verkünden.

5. Machen Sie die sexuelle Erfüllung nicht zum überwertigen Lebensziel. Für viele ist Sex eine Ersatzreligion. Das himmlische Glück ist out, das irdische Glück ist in. Daran ist ein gewisser Wilhelm Reich schuld, der den Orgasmus zum Sinn des Lebens erklärt hat. Die meisten Menschen glauben ihm, auch wenn sie seinen Namen nie gehört haben. Bei seltenem Sex fühlt man sich um sein Glück betrogen. Werfen Sie dem Partner den seltenen Sex nicht vor, sonst zieht er sich noch mehr zurück. Zur Überbrückung können Sie sich ja auch selbst helfen.

Zwang

„Ordnung ist das halbe Leben", pflegte man früher zu sagen. Ein bisschen Ordnung schadet auch nicht. Wenn man übertreibt, wird Ordnung aber zum Zwang.

Kennen Sie die Fernsehserie „Monk"? Nein? Dann haben Sie etwas versäumt. Detektiv Monk ist ein begnadeter Zwängler. Alles muss auf seinem Platz sein, alles wird abgezählt, jede Handlung ein Ritual aus festen Vorschriften. Das macht Monks

Leben ein wenig anstrengend. Er braucht eine eigene Betreuerin, um seinen Alltag zu schaffen.

Nicht nur mit Monk ist es schwierig, sondern mit jedem Zwängler. Vorbei die Zeiten, wo man sich zu Hause gemütlich entspannt, sich auf die Couch gelegt und das Tischchen als Ablage wofür auch immer benutzt hat. Das geht nicht, weil es die Anordnung der Deko-Teilchen zerstört. Auf jedem Möbelstück herrscht Ordnung, sodass man am besten gar nichts berührt. Die Wohnung ist wunderbar aufgeräumt, aber darin zu leben ist der Horror.

Na gut, dann geht man ins Gasthaus. Geht schon gar nicht. Denn auch der Tagesablauf ist strikt geregelt. Pünktlich auf die Minute wird gegessen, ferngesehen und schlafen gegangen. Man kann nicht einfach desertieren, denn das bringt den Zwängler in Rage.

Oft ist der Zwängler schon oben auf der Palme und man selbst weiß überhaupt nicht, warum. Was hat man wieder angestellt, wo man den ganzen Tag nur daran denkt, keine der Regeln zu verletzen, die täglich neu verfeinert werden? Gnädig wird man aufgeklärt: Die Gabeln sind im falschen Fach gelandet, nachdem man den Geschirrspüler ausgeräumt hat.

Zwängler handeln aus Angst. Die vielen Regeln sind ein Versuch, die Risiken des Lebens in den Griff zu kriegen. Funktioniert natürlich nicht, weshalb man ständig neue Regeln erfinden muss, um sich halbwegs sicher zu fühlen. Es geht gar nicht um den Sinn der Regeln. Es geht um die Panik, die aufsteigt, wenn die Zwänge hinterfragt werden.

Gott sei Dank ist nicht jeder ein „Monk". Aber ein bisschen Zwang schleicht sich in jeden Haushalt ein. Was tun, wenn man sich eingeengt fühlt?

Verbesserungsvorschläge

1. Beschränken Sie sich auf sinnvolle Regeln, die Sie gemeinsam aufstellen und die für beide passen.

2. Akzeptieren Sie die Unterschiede zwischen Mann und Frau. Weibliche Regeln dienen der Ästhetik, Frauen können durch herumliegende Schmutzwäsche zu Furien werden. Männer sind sich keiner Schuld bewusst und haben meistens auch kein Auge dafür. Es sein denn, es geht ums Werkzeug, da wird dann plötzlich ganz penibel sortiert und geschlichtet. Männliche Regeln dienen

sonst eigentlich dem Imponiergehabe, werden von Frauen nicht als Regel erkannt, sondern unter Dummheit abgespeichert. Darum sei den Frauen ins Stammbuch geschrieben: Pünktlich zu jedem Schicksalsspiel drei Freunde einzuladen, das Bier fachmännisch zu entkapseln, ex zu trinken, bei jedem Freistoß zu brüllen, dass die Wände wackeln, ist ein männlicher Zwang, der dem Selbstwert in der Boygroup dient.

3. Nutzen Sie die sinnvollen Regeln, relativieren Sie sie aber auch durch Humor und Verhandlungsgeschick. Manchmal über die Stränge schlagen, Ausnahmen machen, die die Regel bestätigen, deine gegen meine Regeln abgleichen. (Wenn ich zusammenräume, gönnst zu mir einen Freiraum, wo ich tun und lassen kann, was ich will?)

4. Bleiben Sie bei den vereinbarten Regeln und ändern Sie sie nicht, ohne vorher darüber zu reden. Außer Sie wollen Ihren Partner endgültig loswerden. Einseitig aufgestellte Regeln werden leicht als Schikane empfunden. Je wütender man aufeinander wird, desto mehr werden sie zu Hürden, welche Nähe verhindern.

5. Tolerieren Sie die Zwänge des Partners und verstehen Sie die Angst, die den Zwang verursacht hat. Machen Sie manches ihm zuliebe, auch wenn Sie es übertrieben finden. Halten Sie humorvollen Abstand zum eigenen Zwang, wenn Sie merken, dass eine Regel gar nicht so wichtig ist.

Ambivalenz

„Verdammt, ich lieb dich, ich lieb dich nicht, verdammt ich brauch dich, ich brauch dich nicht." Dieses Lied von Matthias Reim beschreibt vorzüglich, was Männer treiben, um Frauen fertigzumachen. Das Leben mit einem ambivalenten Mann ist eine ständige Wechseldusche. Das härtet zwar ab, macht aber nicht wirklich Spaß. An einem Tag ist er die Liebe selbst, charmant, heiß, erotisch, nimmt die Frau wie ein wilder Stier. Kaum ist er fertig, springt er auf und geht. Oder schickt sie mit einer bösen Bemerkung weg.

Ambivalenz ist das Ergebnis von Enttäuschungen. Ein gebranntes Kind scheut das Feuer. Wenn man verletzt wurde, hat man Angst sich einzulassen. Man ist zwar von seiner Liebsten angezogen und will ihr näherkommen. Bei einem bestimmten Maß an Berührung kippt das Ganze und das schöne Gefühl ist weg. Hat man die Frau in einem Moment noch verehrt, so findet man sie im nächsten ekelig. Annäherungs-Vermeidungs-Konflikt nennen das die Psychologen.

Hände weg von so einem Mann, werden Sie zu Recht denken. Andauernde Ambivalenz ist ein sehr guter Grund, sich scheiden zu lassen, denn wer will schon bis an sein Lebensende in solcher Unsicherheit leben?

Manchmal ist Ambivalenz die Folge von Missbrauch. Ja, auch Männer werden missbraucht. Von Müttern, die zu sehr lieben. Der Missbrauch zielt auf das Herz des Sohnes, das die Mutter in Besitz genommen hat und nicht mehr hergibt. Solche Söhne verbinden Nähe mit einem Krampf in der Brust, der entsteht, wenn das Herz versucht, sich vor Umklammerung zu schützen. (Selbstredend gibt es auch ambivalente Frauen, die in harten Vaterbeziehungen verletzt wurden.) So seltsam es klingt, die Liebe dieser Männer ist nicht gespielt. Sie ist nur unbeständig. Mal da, mal weg. Völlig unberechenbar.

Alexander verliebt sich leicht. Aber ebenso leicht ist seine Liebe wieder weg. Als Gabi ihn trifft, ist sie ganz hingerissen von seinem Charme und während der ersten Wochen fühlt sie sich wie im siebten Himmel. Bis Alex ihr gesteht, dass er auf einmal gar nichts mehr für sie empfindet und deshalb besser Schluss sei. Das akzeptiert Gabi nicht. Liebe kann doch nicht einfach so verschwinden. Sie steigt Alex nach, trotz seiner Abwehr, und auf einmal ist er wieder die Liebe selbst. „Wusst' ich's doch!", denkt Gabi und wendet dasselbe Rezept immer wieder an, wenn Alex auf Rückzug schaltet. Aussitzen, abwarten, auf die Gelegenheit warten und neu verführen. Auf diese Weise bringt sie Alex sogar vor den Traualtar, hofft, dass nun alles klar sei.

Aber da täuscht sie sich. In regelmäßigen Abständen stellt sich Alex' Lieblosigkeit wieder ein. Irgendwann geht Gabi die Luft aus und sie verbucht die Ehe mit Alex als Fehlentscheidung, die zu beenden sei. Doch unter der Trennungsdrohung geht Alex' Herz erst richtig auf und er schwört ihr ewige Liebe. Das hat sie sich doch so gewünscht und jetzt ist es wieder schön. Vorübergehend. Dann schaltet sich der Wackelkontakt in Alex' Herz wieder aus. So droht ihm Gabi öfter mit Trennung, um ihren Mann zumindest hie und da ganz nahe zu spüren. Schließlich reicht es beiden und Alex geht in Therapie, um seine Mutterbeziehung aufzuarbeiten, um die er bis dato einen großen Bogen gemacht hat. Er entdeckt, dass sein Verhalten der Spiegel dessen ist, was er bei seiner Mutter erlebt hat. Heiß und kalt, erdrückende Nähe und Alleingelassensein, zu viel und zu wenig Mutter, immer unberechenbar. Er erzählt Gabi davon und weint sich in ihren Armen aus. Ab da gelingt es den beiden, den Wechsel von Nähe und Distanz als etwas Natürliches zu nehmen, über das sie auch reden können.

Verbesserungsvorschläge

1. Lassen Sie Ihrem ambivalenten Partner Raum. Bedrängen Sie ihn nicht, sondern lassen Sie ihn kommen. Vertrauen Sie auf seine Liebe, die sich immer wieder verstecken muss wie ein verängstigtes Kind. Nehmen Sie seine Abwehr nicht ernst – die braucht er von Zeit zu Zeit. Hauptsache, er kommt zu Ihnen zurück. Dann schwindet die Ambivalenz allmählich und das Pech wird doch zum Glück.

2. Versuchen Sie, seine Kindheitsverletzung zu verstehen. Wurde er mit Nähe erdrückt oder im Stich gelassen – oder beides gleichzeitig? Nehmen Sie seine Abwehr als böse Erinnerung an eine schlimme Kindheit, beziehen Sie es nicht auf sich, wenn er sich in sein Schneckenhaus zurückzieht.

3. Wenn Sie unter der eigenen Ambivalenz leiden, machen Sie eine Therapie oder eine Familienaufstellung, bevor Sie die nächste nette Partnerin oder den nächsten netten Partner verjagt haben.

4. Zeigen Sie Ihrem Partner ruhig, dass seine Abwehr Sie kränkt. Vor allem dann, wenn Sie einen ambivalenten Vater hatten, der Sie im Regen stehen ließ, obwohl Sie ihn doch so sehr liebten. Vielleicht haben Sie sich ja deshalb einen Mann gesucht, der Ihrem Vater ähnelt. Gemeinsam versuchen Sie nun, die Ambivalenz zu besiegen.

5. Wenn es Ihnen reicht und Sie den Mann in die Wüste schicken wollen, führen Sie ihm diese Krise drastisch vor Augen. Ambivalente Männer reagieren auf Abweisung mit Liebesbeteuerungen. Auf einmal ist er sich sicher, dass Sie seine einzig wahre Liebe sind. Das Spiel beginnt von neuem, aber oft passiert nach der Krise auch Neues. Unter der Erschütterung des Verlassenwerdens bekommt der Panzer Sprünge, mit dem man sein Herz schützt und die Liebesfähigkeit wird frei.

5. Ein guter Weg, aus der Ambivalenz auszusteigen, ist, sie zu akzeptieren. Sie ist nun einmal da. Deuten Sie sie um zum Schwingen von Distanz und Nähe, wie jedes Paar es braucht. Liebe kommt und geht wie Ebbe und Flut, die vom Mond verursacht werden. Und der war immer schon das Symbol für die schönen Gefühle der Nacht.

Verbitterung

Manche Paare sind verbunden im Hass. Klingt seltsam, ist aber so. Früher, als die Ehe unauflöslich war, lebte man zusammen bis zum bitteren Ende, gleich wie viel Schaden entstanden war. Ehen glichen Gefängnissen, aus denen es kein Entrinnen gab. Vergewaltigung, Verachtung, Sadismus, Hexen- und Witwenverbrennung – keine dieser Nettigkeiten, die sich nicht in der gottgewollten Ehe unterbringen ließ.

Wer solche Eltern, im Streit entzweit, erdulden musste, schloss messerscharf, dass Trennung das kleinere Übel sei. Als die Macht der Kirche über die Schlafzimmer endete, explodierten die Scheidungsziffern. Unterdrückte Frauen warfen die Männer hinaus, um endlich frei zu sein. Nie wieder von einem Mann geknechtet, nie wieder Jahre des Leidens. Die Männer waren hin und weg. Sie hatten doch nur getan, was man von ihnen erwartet hatte. Woher der Hass, für den man nichts konnte?

Männer sind Sündenböcke für die Wut vergangener Generationen. 3500 Jahre lang wurden Frauen im Patriarchat unterdrückt, misshandelt, ins Kloster geschickt, von Bildung ferngehalten, wegen der Mitgift geheiratet, zu Gebärmaschinen degradiert, verkuppelt, verstümmelt, betrogen. 175 Generationen lang. 1975 noch war die Frau dem Haushaltvorstand Mann untertan. Irgendwann musste der lange gestaute Druck an die Oberfläche.

Wenn der Großvater der Oma Hörner aufsetzte, wenn der Vater die Mutter schlug, dann stellte die Tochter die immer gleiche Frage: Warum lässt du dich nicht endlich scheiden? Wie hältst du das nur aus? Die duldsam erzogenen Mütter konnten es sich nicht vorstellen, das Leben ohne Mann. So steckten sie Schläge und Verletzungen weg und gaben die Wut an die Töchter weiter. Die taten, was längst hätte getan werden müssen: scheiden, scheiden und nochmals scheiden. Allein Liz Taylor gelang dies acht Mal, zwei Mal vom gleichen Mann.

Nicht immer ist Scheidung die große Befreiung, sondern Fortsetzung der Ehe mit anderen Mitteln. Wer vom Hass der Ahnen geprägt ist, wird das Problem nicht los, und wenn er nach Timbuktu zieht. Im Gegenteil: Die Scheidungsverhandlungen blähen die Abscheu erst richtig auf. Je mehr die Wahrnehmung auseinanderdriftet, desto böser der Gegner im Licht der Verachtung. In die Anschuldigungen mischen sich alte Dämonen, die Mörder und Folterknechte von einst. Man hat sich von einem Verbrecher getrennt. Alkoholiker, Betrüger, Verrückter – kein Schimpfwort zu groß für die Untat des Ex. Klar, man kann ihm die Kinder nicht lassen, nicht mal einen einzigen Tag.

Karl ist ein ganz normaler Mann. Geld verdienen, heiraten, zwei Kinder kriegen, sonntags Fußballplatz und Stammtisch, danach am Haus herumbasteln. Er findet sich schwer in Ordnung. Seine Frau kann zufrieden sein, dass sie ihn hat. Ist sie aber nicht. Bald kritisiert sie nur mehr an ihm herum, er solle sich entwickeln, um die Kinder kümmern, halbe-halbe machen, verständnisvoller sein. Karl versteht gar nichts mehr.

Dann zieht Karin bei Nacht und Nebel aus und nimmt die Kinder mit. Karl sieht sie erst bei den Scheidungsverhandlungen wieder, wo sie ihn mit Gehässigkeiten überschüttet. Was soll das Ganze? Wenn sie es unbedingt haben will, dann ist er halt auch gehässig, kein Problem.

Die Scheidung zieht sich, das halten die Kinder nicht aus. Sven nässt ein und die kleine Corinna geht nicht mehr in die Schule, was eine Kinderpsychologin auf den Plan ruft, die mit beiden Eltern reden will. Als Frau versteht sie Karins Ärger und versucht dies Karl zu übersetzen. Der versteht immer noch nicht. Schließlich redet Karin über die schlechte Ehe ihrer Eltern, wie gemein der Vater zur Mutter war. Der Großvater war überhaupt gewalttätig und verprügelte die Oma. Von solchen Männern muss man sich doch trennen, oder nicht?

Die Psychologin kann die Ehe der beiden nicht mehr retten. Je mehr aber die Ursachen von Karins Verbitterung auf dem Tisch liegen, desto ruhiger wird es in der Familie. Schließlich lassen Karl und Karin einander los und kooperieren zumindest als geschiedene Eltern.

.

Verbesserungsvorschläge

1. Machen Sie eine Familienaufstellung. Wenn Sie trotz Scheidung voller Bitterkeit an Ihren Partner gebunden sind, liegt die Ursache in ungelösten Familienkonflikten. Obwohl getrennt, braucht man den Ex wie einen Bissen Brot. Man lebt die dunkle Seite der Liebe, dafür eignet der sich bestens. Man kotzt sich die Enttäuschung der Ahnfrauen aus dem Leib, und wer kotzt, braucht einen Kübel. Dafür ist der schuldige Mann noch gut genug. In Jahrhunderten vergorener Schlamm reicht für Jahre der Rosenkriege, die keine Trennungen sind, denn man lässt sich nun erst recht nicht los. Erst wenn der Ursprung der Aggression bewusst wird, kann man sich vom Ex lösen.

2. Arbeiten Sie Ihre Elternmodelle auf und geben Sie den wahren Tätern die Schuld zurück. Entlassen Sie den Ex aus der Rolle des Schuldigen, dann kann man reden, die Trennung in Ruhe vollziehen. Frieden entsteht, wenn man den Hass auf die wirklichen Täter verteilt. Von denen gibt es viele. Wenn man jedem den Dreck zurückgibt, mit dem der einst um sich geworfen hat, dann trennt man sich von der Wut. Dann kann man auch wieder lieben, den Alten oder einen Neuen.

3. Hören Sie dem Partner zu und lassen Sie seine Sicht der Dinge gleichberechtigt neben der Ihren stehen. Was ist die Wahrheit? Hat der Partner all das wirklich verbrochen? Er behauptet das Gegenteil, aber er lügt ja wie gedruckt, weil er nur seine Sicht der Dinge kennt. Tun das nicht beide Kontrahenten? Jeder hat seine Wahrheit und es geht nicht darum, den anderen zu besiegen, sondern wieder eine Gesprächsbasis zu finden.

4. Machen Sie Trennungsrituale. Geben Sie einander alles zurück, was Sie nicht mehr haben wollen, die Ringe, die Gefühle, die Schuld, die Hoffnungen. Sagen Sie Lebewohl und wünschen Sie einander alles Gute.

5. Wenn Sie losgelassen haben, beginnen Sie eine neue Partnerschaft, in die Sie den alten Dreck nicht mehr hineinlassen. Manchmal ist dann sogar der alte Partner der neue, weil man ihn ohne die alten Projektionen anders erlebt.

Ignoranz

„Sag, hörst du mir eigentlich zu?" (Sie, mit genervtem Unterton.)
„Natürlich, mein Schatz, ich hör dir immer zu." (Er, lässt seine Augen nicht vom Computer.)
„Und was habe ich gerade gesagt?"
„Was sagst du, mein Schatz?"
„Manchmal könnt' ich dich erwürgen!"
„Was hast du denn jetzt schon wieder?"

Frauen fühlen sich ignoriert, wenn Männer vorgeben zuzuhören, ohne es wirklich zu tun. Männer reagieren mit Unverständnis. Da versucht man nett zu sein und so wird es einem gedankt. Die Zicke macht schon wieder aus jeder Mücke einen Elefanten.

Dieser häufige Konflikt hat seinen Ursprung in unserer evolutionären Prägung. Männer sind darauf programmiert, sich voll und ganz auf ein Ziel zu konzentrieren, sonst erwischt man die Beute nie. Für Frauen ist Reden der Weg, die Dinge unter Kontrolle und die Sippe beieinanderzuhalten. Als die Männer im Wald und die Frauen im Dorf waren, kamen sich diese zwei Arten der Konzentration nicht ins Gehege. Wenn Männer zu Hause sind, im Internet oder in der Garage jagen, prallen zwei Denkweisen aufeinander. Die Männer sind ganz bei der Sache und die Ehefrauen bezichtigen sie der Kommunikationsverweigerung.

Dieses Missverständnis ist ein ausbaufähiges Blatt. Mit ein bisschen bösem Willen lässt sich damit jede Ehe zerstören. Beide fühlen sich im Recht und streiten um des Kaisers Bart. Bald geht es nur mehr darum zu beweisen, wer der größere Ignorant ist. Mit dem Ehevertrag hat man sich doch ein Recht auf ein bisschen Verständnis gekauft. Und jetzt? Der Partner weigert sich, auch nur die einfachsten Grundlagen der Einfühlung einzuhalten. Statt zu unterstützen, bekämpft er mich.

Er: „Da versuche ich, ein guter Ehemann zu sein, die Familie zu ernähren, genug Geld nach Hause zu bringen. Schufte Tag und Nacht, sogar daheim, und was ist der Dank? Dir kann man es einfach nie recht machen. Weil es dir nur darum geht, ständig Recht zu haben. Du machst mir Schuldgefühle, damit ich ständig in deiner Schuld stehe. Aber jetzt reicht's! Such dir einen anderen Dummen, der sich abrackert, damit du dir sinnlosen Schmuck und Klamotten kaufen kannst."

Sie: „Du gefühlloser Trottel, du kapierst es nicht. Immer nur die Karriere im Kopf! Schon mal was von Gefühlen gehört? Aber das ist ja ein Fremdwort für dich. Weil du gar nicht in der Lage bist, Gefühle zu haben. Darum sind dir meine so was von egal, dass du dich weigerst zuzuhören und mir auch nur die geringste Beachtung zu schenken. Weißt du eigentlich, dass Frauen sich wahrgenommen fühlen wollen, dass sie den Männern wichtig sein wollen? Aber für dich bin ich ja nur ein Möbelstück, das man bei Bedarf benutzt und dann wieder wegstellt."

Er: „Was redest du für einen Schwachsinn? Du bist der wichtigste Mensch in meinem Leben. Hätte ich dich sonst geheiratet?"

Sie: „Geheiratet hast du mich, weil man das so macht und weil es praktisch ist. Eine Putzfrau, die säubert, wäscht und kocht; ein Häschen, das die Beine breitmacht, das ist alles, was du brauchst. Hast du jemals mich gemeint? Weißt du eigentlich, wer ich bin?"

Er: „Eine biestige Alte bist du, der man nichts recht machen kann. Findest Haare in jeder Suppe, da kann man noch so gut kochen."

Sie: „Da redet der Richtige! Hast doch noch nie einen Kochlöffel in die Hand genommen, lässt dich verwöhnen von vorn bis hinten. Aber damit ist Schluss! Dein Essen kannst du dir ab heute selber machen."

Er: „Dann kann ich ja gleich ins Gasthaus gehen. Und das tu ich jetzt auch. Dort werde ich nämlich freundlich behandelt. Tschüss, mach dir einen schönen Abend mit deiner schlechten Laune."

Noch befindet sich dieses Paar auf der ersten Stufe der Ignoranz, dem biologischen Missverständnis. Beute gegen Kommunikation – diese alte Arbeitsteilung der Geschlechter ist eigentlich nicht schwer zu verstehen. Noch könnte man aus der Eskalation aussteigen, wenn der Mann die kommunikative Stärke der Frau und die Frau den Wert der Arbeit schätzte, die der Mann leistet.

Wenn man aber beharrlich das Wesen des anderen ignoriert und sich ignoriert fühlt, wird man irgendwann wütend. Dann möchte man gar nichts mehr verstehen, sondern nur mehr den anderen verletzen. Seine Fettnäpfchen kennt man ja.

Er, etwas illuminiert: „Da bin ich wieder, ich hoffe, du hast dich inzwischen beruhigt, denn ich denke ..."

Sie, ihn wütend unterbrechend: „Schau dich doch an, du Jammerlappen! Besoffen und unfähig, dich einer Auseinandersetzung zu stellen. Statt deinen Mann zu stehen, haust du ab, wenn es brenzlig wird."

Er: „Ich stehe schon meinen Mann, wann immer du willst, aber du willst ja nie."

Sie: „Wer ein Schlappschwanz ist, sollte den Schwanz in der Hose lassen. Statt an Sex solltest du mal an Nähe denken."

Er: „Was macht euch Weiber nur so aggressiv? Wenn ich das bei der Hochzeit geahnt hätte, wäre ich heute nicht hier!"

Sie, drohend: „Aha, mich zu heiraten war also ein Fehler?"

Er, provokant: „Ein großer Fehler."

Sie: „Dann packst du am besten gleich deine Koffer."

Verbesserungsvorschläge

1. Wenn Sie Ihre Ehe behalten wollen, beherzigen Sie ein paar wichtige Dinge: Hören Sie Ihrem Partner bzw. Ihrer Partnerin zu, unterbrechen Sie ihn oder sie nicht, nehmen Sie den anderen ernst, auch wenn Sie nicht alles verstehen. Schauen Sie ihm oder ihr in die Augen und schaffen Sie damit eine seelische Verbindung.

2. Erlernen Sie die Sprache der Frauen bzw. Männer (siehe dazu mein Buch „Amors vergiftete Pfeile", Kneipp-Verlag, Wien 2009, S. 92 ff.).

Abhängigkeit

„Er ist ihr sexuell hörig." „Sie ist von ihm abhängig." Eine häufige Antwort, wenn man danach fragt, warum sich ein Mensch aus einer katastrophalen Beziehung nicht lösen kann.

Max lässt sich alles gefallen. Karoline macht ihn fertig, kritisiert ihn, weist ihn ab, setzt ihm Hörner auf, terrorisiert ihn mit ihren Wutausbrüchen. Ohne seine regelmäßige Psychotherapie würde Max das gar nicht aushalten. „Warum su-

chen Sie sich nicht eine nettere Partnerin?" „Aber sie ist doch so schön und ich liebe sie so! Die netten Frauen interessieren mich nicht."

Bei Hörigkeit denkt man an wüsten, ausschweifenden Sex. Das Gegenteil ist der Fall. Der Sex mit Karo ist selten und auch nicht wirklich erfüllend. Max fühlt sich dabei als Esel, die Aussicht auf Sex ist die Karotte, mit der Karo ihn zum Traben bringt. Karo spielt das Spiel der Vamps. Reize den Mann, aber gib ihm nichts. Dann frisst er dir aus der Hand.

Psychologen nennen das intermittierende Verstärkung. Wenn man meistens verliert, manchmal aber doch gewinnt, dann motiviert dies mehr, als wenn die Belohnung jedes Mal erfolgt. Deshalb werden Casinobesucher spielsüchtig. Mit dem einen tollen Gewinn lügt man sich über die vielen Verluste hinweg.

Max ist Karo-süchtig. Was lange währt, wird endlich gut, sagt er sich. So lange hat er um Karo gekämpft und sie hat ihn dann doch erhört. Nur wenige Male, aber die waren toll. In der Fantasie verklärt er seine Hungerträume zu himmlischem Vergnügen.

Karos Verhalten ist ein Abwehrmechanismus. Das erkennt der Psychologe schnell. Weil Karo vom Vater früh verlassen wurde, hat sie Angst, auch vom Partner verlassen zu werden. Drum muss sie diesen ständig beschäftigen, Dramen inszenieren, damit er an sie und niemand anderen denkt. Max hört sich das an und will es nicht glauben. Karo kommt nie wieder zur Therapie. Das hat sie nicht nötig.

Am Schluss übertreibt es Karo dann doch. Die hysterische Szene am Arbeitsplatz vor Max' Chef und seinen Arbeitskollegen hätte ihn fast den Job gekostet. Max ist fertig und heult sich bei Dagmar aus. Die versteht ihn schon seit Wochen gut, hört ihm zu, wann immer er will.

Dann macht Max eine seltsame Entdeckung. Sex ist auch mit Dagmar schön. Sehr schön sogar. Und vor allem entspannter als in Karos Königsdramen.

Wege aus der Abhängigkeit

1. Setzen Sie klare Grenzen, was Sie nicht mit sich machen lassen. Geben Sie nicht nach, wenn Ihnen etwas gegen den Strich geht.

2. Stellen Sie die Trennung in den Raum. Überlegen Sie, ob Sie nicht mit einem einfacheren Partner glücklicher wären.

3. Ignorieren Sie die Wutausbrüche, die Ihnen Angst machen sollen. Wenn Ihr Partner sich schlecht benimmt, lassen Sie ihn einfach stehen.

4. Arbeiten Sie Ihr Kindheitsdrama auf. Wurden Sie von einem Elternteil so schlecht behandelt, dass Sie gar nichts anderes kennen?

5. Holen Sie sich die Liebe bei jemandem, der Sie gut behandelt und Ihre Liebe auch verdient hat.

Unfruchtbarkeit

In Zeiten der Verhütung vergisst man leicht darauf: Sex wurde von der Natur erfunden, damit Kinder gezeugt werden. Liebe und familiäre Bindungen entstanden, damit Kinder erzogen werden. Die Paarbindung zielt auf etwas Drittes, das sich schneller einstellt, als einem lieb ist. Beziehungen scheiterten früher an Schwangerschaften, die keiner wollte.

Heute haben Paare das umgekehrte Problem: Man probiert, übt, nutzt die fruchtbaren Tage, aber der ersehnte Sprössling will sich nicht einnisten. Das stellt das Paar auf eine Belastungsprobe. Das Problem kann viele Ursachen haben: eine ungesunde Lebensweise, ein organischer Defekt, auch seelische Blockaden. (Will ich wirklich ein Kind, will ich es wirklich mit diesem Partner?)

Offen oder versteckt fassen wir Kinderlosigkeit als Ablehnung auf. Wenn der Partner mich wirklich lieben würde, dann würde das Kind schon kommen. Daraus entstehen Schuldfragen. Wer will nicht, dass das Kind kommt, wessen Körper und Gene verhindern die Zeugung? Die Medizin kann helfen, aber bei weitem nicht immer. Viele Paare geben entnervt nach der dritten In-vitro-Befruchtung auf. Die Ohrfeige ist perfekt, wenn der Partner nach langer Unfruchtbarkeit mit jemand anderem ein Kind bekommt. Dann ist es amtlich: Wir beide passen nicht zusammen.

Oft liegt es nicht an der Biologie. Man könnte schon, will aber nicht. Weil Kinder Karrierekiller sind. Weil man sich nicht einigen kann, wer zu Hause bleibt und die Erziehung übernimmt. Weil einer schon drei Kinder hat und der andere keins. In Zeiten der Lebensabschnittspartner kollidieren Kinderwünsche besonders leicht. Wenn man im dritten Versuch den Seelenpartner findet, dann hat der meist schon Kinder und will nicht wieder von vorn anfangen. Selbst hat man sich das Kinderkriegen für den Richtigen aufgehoben und jetzt will der nicht.

Julia, eine erfahrene Frau und Mutter von drei Kindern, hat endlich den richtigen Partner gefunden. Klaus ist perfekt, jung, zuvorkommend, tüchtig, liebenswert. Wenn nicht sein blöder Kinderwunsch wäre. „Er ist so egoistisch", beklagt sich

Julia in der Ehetherapie. „Wir haben alles und verstehen uns gut. Drei Kinder sind doch genug, oder nicht?" „Ich lieb dich ja und deine Kinder auch. Aber ich hätte gern ein eigenes Kind. Warum willst du mir das nicht schenken?" Julias Antwort klingt ganz logisch: „Dafür bin ich zu alt".
Klaus und Julia haben einen Mordskonflikt, trotz aller Liebe. Ob sie eine Lösung finden werden, wissen sie selbst noch nicht. Wird Klaus sich eine andere suchen, wird Julia doch noch schwanger, wird die Beziehung das alles aushalten? Darum ringen die beiden Tag für Tag.

Verbesserungsvorschläge

1. Geben Sie nicht zu schnell auf. Viele werfen entnervt das Handtuch, weil der Kinderwunsch differiert. Andere fühlen sich ohne Schuld verflucht, weil das Schicksal das Kind nicht kommen lässt. Aber der Dritte im Bunde muss mitspielen. Das Kind bestimmt selbst, wann es Zeit ist zu kommen. Oft dann, wenn man schon nicht mehr daran glaubt. (Oft kommt das leibliche Kind, nachdem man ein anderes adoptiert hat.)

2. Es gibt viele Möglichkeiten, fruchtbar zu sein. Wir brauchen das Gefühl der Elternschaft, wollen Neues schaffen, das unter unseren Augen wächst. Wenn die Gene nicht mitspielen, kann es auch ein Adoptiv-, Stief-, Zieh-, Pflegekind, sogar ein Kuckuckskind sein. In vielen Familienaufstellungen ist ein Vater nicht der leibliche und liebt das Kind doch wie sein eigenes. Eltern sind die, die die Elternrolle einnehmen. Kinder ohne Eltern spüren das sofort und laufen einem zu.

3. Wenn wir zur Kinderlosigkeit bestimmt sind, können wir uns geistige Kinder suchen, Projekte in die Welt setzen, anderen Menschen helfen, kreativ sein. Wenn unser Tun fruchtbar ist, macht dies genauso glücklich wie eine Horde Kinder.

Teil III: Wie wir glücklich bleiben

Wie im Märchen

Wir träumen oft von der märchenhaften, wunderbaren Liebe, die sich dann selten einstellt. Im Märchen kommt der Prinz auf dem Schimmel, rettet die holde Maid. Ende gut, alles gut, der Rest geht uns nichts mehr an. Doch dann kommt der Alltag. Der ist oft gar nicht märchenhaft. Arbeit, Erschöpfung, durchwachte Nächte, schlecht gelaunte Partner, heftiger Streit. Warum hat man geheiratet? Wegen falscher Versprechungen von Liebe und Ehe, die uns vorgaukelt wurden? Als naive Kinder haben wir es geglaubt. Das haben wir jetzt davon – die bittere Realität. Der Scheidungsteufel lässt grüßen.

Hätten Sie gern eine Liebe wie im Märchen? Ja? Dann greifen Sie zu. Denn das haben Sie vielleicht längst. Märchen versprechen kein Schlaraffenland (das haben wir nur in der Erinnerung geschönt), sondern beinharten Kampf um Liebe und Glück. Jedes Märchen erzählt vom Ringen mit uns selbst, bis wir reif sind für die Liebe. Bevor diese kommt, kämpfen wir mit den Schatten unserer Seele:

- mit den Dämonen der eigenen Familie (Schneewittchen)
- mit den Mauern, in die wir unser Herz einschlossen (Dornröschen)
- mit dem geistigen Gefängnis, das wir verlassen müssen (Rapunzel)
- mit dem eigenen Hochmut und dem des Partners (König Drosselbart)
- mit der Gier und Wut des Mannes (Rumpelstilzchen)
- mit der Konkurrenz zwischen Frauen (Aschenputtel)
- mit dem Ekel vor Sexualität (Froschkönig)
- und vielem anderen mehr

Die Liebe fällt uns erst zu, wenn wir harte Prüfungen bestanden haben. Dann aber kommt sie bestimmt. Ehen sind moderne Märchen. Prinz und Prinzessin, König und Müllerstochter ringen darum, sich selbst zu verstehen und dem anderen richtig zu begegnen. Meist ist es eine knappe Partie. Wir ersticken fast am Gift der Geschenke, liegen tot in gläsernen Särgen, verbluten in Dornenhecken, verzweifeln am goldenen Stroh, das der Partner fordert. Erst im letzten Moment, wenn wir fast nicht mehr können, kommt die rettende Erkenntnis – und dann auch der Prinz.

Liebe will hart errungen sein – das ist die wahre Botschaft der Märchen. Liebe ist Lohn für richtiges Handeln, auch wenn der erst gar nicht winkt. Wir können Liebe erringen, indem wir liebevoll handeln. Wir müssen uns den Flüchen stellen, denn die Hexen schlafen nicht. Wenn wir die Hindernisse bewältigen, tut sich ein Weg auf, der ins Schloss der Liebe führt. Wenn wir die Probleme kennen, erkennen wir auch, was wir gewinnen können. Jeder Fluch wird zum Geschenk, wenn wir verstehen, dass Hindernisse dazu da sind, uns in die richtige Richtung zu drängen – hin zu unseren Herzen.

Zusammensein

Miteinander ist Liebe einfach. Aber in vielen Ehen kommt das Miteinander zu kurz. Viele Partnerschaften gehen aus Zeitmangel zugrunde. Wenn Sie die Tipps weiter unten befolgen, werden Sie das Zusammensein mit Ihrem Partner genießen. Wenn Sie sich in Ihrer Ehe einsam fühlen, machen Sie gemeinsam mit Ihrem Partner die folgende **Übung**. Sprechen Sie sich den Text laut vor. Einer liest vor, der andere hört mit geschlossenen Augen zu und dann machen Sie es umgekehrt.

Schließe die Augen und stelle dir vor, wir gehen gemeinsam durch die Landschaft unseres Lebens. Wir gehen den gemeinsamen Weg, erreichen gemeinsam das Ziel.
Wir gehen getrennt, ein jeder in seinem Rhythmus, und doch nebeneinander her, nehmen Rücksicht auf den anderen. Ist einer schneller, erkundet er das Land und wartet dann auf den anderen. Fällt einer zurück, weil er müde ist, vertraut er auf den anderen. Er wird mich führen in sichere Herberge.
Wir teilen das Brot und das Wasser, denn ist es für beide genug.
Der Weg ist die Freiheit, zu kommen, zu gehen, wie man will und wie es einem entspricht. Will man Ruhe, dann geht man mit zehn Metern Abstand. Dann ist man für sich und doch nicht allein. Man errichtet gemeinsam das Lager und wärmt sich am selben Feuer. Man findet schneller das Holz und angelt genügend Fische zu zweit.
Ist es bitter kalt, dann wärmen wir uns mit unseren Körpern und retten uns so das Leben.
Wir reden viel und schweigen auch viel. Wir streiten hitzig und streicheln uns sanft. Wir halten uns fest, wenn die Erde bebt. Wenn die Körper beben, trägt die Erde. Wir werden durchflutet vom Licht und still im Dunkel der Nacht. Wir teilen den Schlaf und auch die Träume.
Manchmal will man den anderen nicht sehen und geht in verschiedene Richtungen. Man findet sich wieder und freut sich darüber. Oder freut sich nicht, doch das Ziel führt einen zurück auf den gemeinsamen Weg.
Wandern ist Sein. Dein Sein und mein Sein. Einssein in getrennten Körpern. Vereintsein trotz getrennter Seelen. Menschen sind Wanderer. Seit zwei Millionen Jahren

wandern wir gemeinsam, damit kennen wir uns aus. Unsere Beine sind dafür ge-
schaffen, unsere Wirbel gedeihen im wiegenden Schritt. Unsere Augen sehen klar,
wenn wir auf den Beinen sind, sie saugen die Landschaft in sich auf.

Drum sind wir gemeinsam entspannt. Wir wissen um die Gefahren, doch zu
zweit können wir sie meistern. Damals ein Löwe, ein Leopard, heute eine Berufs-
und Beziehungskrise.

Wie schön sind unsere Beine. Muskulös oder weich verpackt, sie geben uns Kraft,
solange sie uns tragen. Und liegen wir Bein an Bein, dann fühlt es sich an wie
ein gleißender Blitz.

Wohin immer uns die Beine tragen, gemeinsam, dort ist Heimat.

Ehepaare wünschen sich ein gemeinsames Leben. Aber manchmal braucht es
Zeit, bis dieses möglich ist.

Elisabeth und Xaver wohnen in München und Wien. Durch ihre Jobs geht das
nicht anders. So leben sie eine Wochenendehe, und das auch nicht jede Woche.
Wenn Sie beisammen sind, ist es wunderschön und sie machen sich eine gute
Zeit. Immer öfter ist Elisabeth aber die gemeinsame Zeit zu kurz und sie fühlt
sich einsam. Es entbrennt ein Streit, wer zu wem zieht. Keiner will seine gute
Position in seiner Heimatstadt aufgeben. Elisabeth will aber endlich Kinder und
die nicht allein großziehen. Da eine Partnertherapie rein zeitlich nicht möglich ist,
machen sie ein gemeinsames Wochenendseminar. Dabei stellt sich heraus, dass
bei beiden hinter dem Wohnortproblem Bindungsängste stecken. Bei Eltern und
Großeltern war das Zusammenziehen immer der Anfang vom Ende der Ehe, das
wollen beide nicht riskieren. Mit dieser Erkenntnis relativiert sich die Angst, und
der Wunsch nach Gemeinsamkeit wird stärker. Schlussendlich erhalten beide
Jobangebote in Salzburg und ziehen dorthin.

Tipps

1. Genießen Sie das Zusammensein mit Ihrem Partner. Wenn Sie zufrieden sind,
   geben Sie ihm dafür im Beziehungstest fünf Pluspunkte. Sie sollten es aber
   nicht für selbstverständlich nehmen, denn alles kann man verlieren, wenn
   man sorglos damit umgeht. Achten Sie auf die folgenden Tipps, damit Ihr
   Zusammensein nicht Schaden nimmt.

2. Vergessen Sie nicht vor lauter anderer Sachen auf die Partnerzeit. Einmal pro
   Woche ein Abend zu zweit müsste sich doch ausgehen. Wenn man nie Zeit
   für die Partnerschaft hat, verkümmert sie.

3. Feiern Sie Hochzeitstage, Geburtstage und andere Feste und vergessen Sie ja nicht darauf! Ein vergessener Hochzeitstag bringt jede Menge Ärger.

4. Arbeiten Sie nicht so viel, dass Ihre Partnerin oder Ihr Partner vereinsamt.

5. Stellen Sie nicht die Kinder über den Partner. Dies ist besonders in Patchwork-Familien wichtig. Auch wenn nicht alle die eigenen Kinder sind, Sie müssen sie gemeinsam erziehen, und das geht mit einer gemeinsamen Linie am besten.

6. Machen Sie Selbsterfahrung und überprüfen Sie, ob die Distanz in Ihrer Beziehung nicht auf Bindungsängste zurückgeht, die Sie loswerden können.

5. Haben Sie Ihre Partnerin immer im Blick, achten Sie auf ihre Gefühle und gehen Sie auf sie ein. Gemeinsame Gespräche halten die Harmonie in der Beziehung aufrecht, und die tut Ihnen beiden gut.

6. Teilen Sie schöne Erlebnisse, Urlaube, Events, Restaurantbesuche, Sport. Laden Sie Ihre Partnerin zu dem ein, was Ihnen Spaß macht. Lassen Sie sich von Ihrem Partner einladen und teilen Sie mit ihm seine Freude.

7. Verbringen Sie Freizeitabende miteinander, ohne irgendetwas zu planen. Gemütlich zusammen zu sein ist oft alles, was es braucht. Der Rest ergibt sich von selbst.

8. Laden Sie gemeinsam Freunde ein. Ein gemeinsamer Bekanntenkreis verbindet.

Entwicklung

Das Leben ist nicht berechenbar. Alle Voraussagen und Prophezeiungen sind in der Regel falsch. Horoskope, Maya-Kalender, Wahrsagerei – alles läppische Versuche, mit der Unsicherheit des Lebens fertig zu werden. Aber das ist auch das Schöne daran. Das Leben ist ständig neu. Selbst wenn man es zwanghaft in Regeln sperrt, um das Ungewisse draußen zu halten. Es ist immer wieder überraschend, wie erwartet und doch wieder anders, fordert uns heraus, wird nie langweilig.

Jeder folgt seiner Entwicklung, Kräften, die die Persönlichkeit formen. Unser innerer Sinn spricht mit dem Schicksal und wählt das Erleben aus. Aus vielen Zufällen fällt uns das zu, was unserem Sinn entspricht. Der Dialog zwischen dem inneren Selbst und den Umständen um uns herum formt die Zukunft. Das eine antwortet auf das andere und so schmieden wir unser Schicksal durch unsere Entscheidungen. Da wir frei wählen können und unser Partner auch, kann niemand sagen, was kommt. Das macht den Partner spannend. Denn er ist nicht berechenbar. Auch wenn wir den tollsten Plan hatten. Es kommt erstens anders und zweitens, als man denkt.

So schön hat man alles aufgeteilt. Er macht Karriere und sie alles andere. Und dann ist es umgekehrt. Sie ist erfolgreich und er hat genug vom Hamsterrad. Sie zieht hinaus in die Welt, er arbeitet lieber zu Hause. Man hat sich eine schöne geordnete Welt aufgebaut. Und dann kommt die Chance, die alles über den Haufen wirft. Soll man oder soll man nicht – ins Ausland gehen, die Professur annehmen, das eigene Geschäft aufmachen – das sorgt für heiße Diskussionen. Erst wehrt man sich gegen die Veränderung und am Ende gewinnt diese doch.

Martha ist eine starke Frau: Sie managt Haushalt, Familie, Karriere. Kurt mag das gar nicht, wäre lieber der starke Mann, aber Martha kommt ihm zuvor, wenn etwas zu entscheiden ist. Eines Nachts schreit Martha vor Schmerz, auch den ganzen nächsten Tag. Auch den übernächsten. Kurt ruft die Rettung – Bandscheibenvorfall. Operation und sechs Wochen Krankenstand. Martha muss Ruhe geben, darf nichts heben. Kurt übernimmt und siehe da, das gefällt ihm. Er tut alles für Martha und fühlt sich stark. Sie lässt sich endlich fallen. Zu viel hat sie ein Leben lang geschultert, bis die Last ihre Bandscheibe erdrückte. Jetzt lässt sie los und übergibt an den Mann, das tut beiden gut. Der anfangs verfluchte Schmerz bringt alles wieder ins Lot.

Tipps

1. Wehren Sie sich nicht gegen die Entwicklung Ihres Partners, sonst entwickelt man sich auseinander und die Partnerschaft verliert. Besser Sie unterstützen den Partner in seinen Plänen, dann wird auch er auf Sie eingehen.

2. Lassen Sie sich von der Entwicklung Ihres Partners anregen. Nehmen Sie seine Veränderungen als Herausforderung, dass auch Sie sich ändern sollen. Wir brauchen Herausforderung. Darum erfinden wir Dramen, sehen Filme, Theaterstücke, Sportbewerbe, zahlen für Konzerte ein Vermögen. Das Leben ist Drama genug, wenn wir uns darauf einlassen.

3. Lassen Sie sich auf den Partner ein und Sie haben Anregung für ein ganzes Leben. Was immer Ihr Partner erlebt, was immer er tut, er wird Sie damit beschäftigen. Und liefert Bilder, Situationen, auf die Sie Antworten finden müssen. Auch wenn Sie erst fluchen und gar nicht wollen, die Veränderung macht Sie stark.

4. Vielleicht neigen Sie dazu, aus Zukunftsangst heraus am Gewohnten, Traditionellen festzuhalten. Gestehen Sie sich dies ein, aber handeln Sie nicht danach. Wenn eine Beziehung fantasielos wird, von immer demselben Kram beherrscht und jede Veränderung blockiert wird, dann geht sie ein.

5. Verfolgen Sie Ihre eigene Entwicklung, die von Ihren Motiven gespeist wird. Sehen Sie die Beziehung als Raum, in dem sich Ihre Selbstverwirklichung entfalten kann, Ihren Partner als Nährboden, der Ihre Entfaltung unterstützt.

6. Wenn Ihr Partner sich sperrt, geben Sie ihm Zeit, sich mit der neuen Entwicklung vertraut zu machen. Aus Liebe zu Ihnen wird er schließlich doch verstehen, worum es Ihnen geht. Geben Sie Ihre Pläne aber nicht wegen Ihres Partners auf. Machen Sie Ihr Handeln nicht von der Zustimmung des Partners abhängig, denn manches geht ihn auch gar nichts an, das muss er auch nicht begreifen.

7. Fördern, ermutigen und unterstützen Sie Ihre Partnerin in ihren Vorhaben. Sehen Sie sich als guten Coach, der das Beste aus ihr herausholt. Sie müssen die Details gar nicht genau verstehen, aber Ihre positive Haltung wird Sie umso liebenswerter machen.

Sinnlichkeit

Wenn wir uns verlieben, spüren wir sie – die magische Anziehung, das erotische Flair, die Schönheit von Mann und Frau. Niemand weiß, warum es geschieht, trotz aller kluger Thesen. Duftstoffe teilten uns mit, dass wir zusammenpassen, sagen die Biologen. Psychologen glauben an frühkindliche Prägung, der Körper der Eltern ist unser Ideal, das wir im Partner suchen. Theologen sprechen vom göttlichen Funken, der vom einen zum anderen überspringt.

Was immer es ist, wir können es nicht begründen. Wohl aber spüren. Das Gefühl ist mächtig, schlägt uns in seinen Bann. Wir werden süchtig nach dem Verlieben, weil der Körper Hormone ausschüttet, die den Liebesrausch erzeugen. Nie ist man so sinnlich wie in der Liebeszeit. Der Unterbauch flattert von Schmetterlingen, warm steigt es zum Magen empor. Das Herz dehnt sich aus, als wollte es zerspringen, die Stimme wird sanft und der Geist beflügelt. Wenn wir lieben, scheint alles möglich.

Zärtlich streicheln wir die Wange, küssen sanft den Nasenrücken, Haare, Schultern, dann den Bauch. Liegen wir aufeinander, bebt der ganze Körper. Wir sehen uns in die Augen und blicken in die Tiefe, verstehen, müssen gar nichts sagen. Fühlen uns beim andern wohl, wollen nur mehr bei ihm sein. Wenn wir ineinander versinken, löst sich alles, was verspannt ist. Dann spüren wir Wellen des Glücks. Liebespaare sind zu beneiden. Alles wird sinnlich in ihren Händen. Die Hand zu halten, eine Weintraube langsam im Mund zerdrückt, ein Stück Schokolade auf nasser Haut, mit den Lippen erfasst, eine Umarmung kraftvoll und dann ganz zart, ein sanftes Massieren des Rückens. Ein nettes Wort, eine gute Begrüßung, eine verständnisvolle Frage. All das fließt ein in unsere Seele und nährt uns Tag für Tag.

Verliebte können das. Sex ist schön, wenn er passiert, ungewollt, überraschend, wie ein unerwartetes Geschenk. Er ist der Gipfel eines Gebirges, schön anzusehen, getragen von der breiten Basis des Bergs, der Zuneigung heißt. Das Herz erobert man nicht in einem Flug. Man tastet sich langsam heran, macht sich mit ihm vertraut, errichtet ein Basislager, trägt sorgsam die Güter zum nächsten. Man kommt sich langsam näher, bis der Funke überspringt. Nicht die Zahl der Abschüsse zählt (so denken nur kleine Jungs), sondern die Momente der fühlenden Herzen. Wenn uns warm wird beim anderen, dann sind wir glücklich und genießen unsere Körper und Seelen.

Konrad und Kathi kommen in Therapie, weil ihr Liebesleben nach zwanzig Jahren etwas trostlos geworden ist. Konrad beklagt den fehlenden Sex, Kathi die fehlende Zärtlichkeit. Der Therapeut bittet sie, über den Anfang der Beziehung zu erzählen. Da kommen beide ins Schwärmen. Da sei es heiß und romantisch hergegangen, sie konnten gar nicht genug voneinander kriegen. Sie bekommen als Aufgabe, Schritt für Schritt all das zu tun, was sie damals taten. Rendezvous, Liebeserklärungen, verliebt in die Augen schauen, sich voneinander erzählen, zärtliche Berührungen und was immer da noch war. Erst wehren sich die beiden, denn das ist ja so lange her. „Eben", sagt der Therapeut, „drum müsst ihr es wieder üben." Erst üben die beiden mit einem komischen Gefühl, aber langsam wachen die schönen Empfindungen wieder auf, die sie einst zueinandergeführt haben. Als sie im Bett landen, wundern sie sich nur, warum sie sich dies so lange entgehen ließen.

Tipps

1. Pflegen Sie Ihre Liebe Tag für Tag. Wer sich nicht um die Liebe kümmert, der verliert sie allmählich. Nette Worte, Berührungen, Umarmungen, Komplimente, Gespräche, Blumen, Geschenke, Streicheln ... Sie können so vieles tun, um Ihre Liebe in Gang zu halten.

2. Verlieben Sie sich neu in Ihren Partner. Denken Sie an die Zeit des Anfangs zurück und üben Sie alles, was Ihnen damals so gut getan hat.

3. Trennen Sie sich für drei Wochen. Jeder geht seinen Weg, spürt sich selbst, sieht sich nach Partnern um. Dann trifft man sich in einem Lokal wie einst vor dreißig Jahren. Unter den vielen anderen ist sie immer noch die schönste Frau und er der beste Mann. Diesen Menschen will man erobern, denn man spürt, da liegt man richtig.

4. Entdecken Sie Ihren Partner neu, als würden Sie sich gerade erst kennenlernen. Sein schöner Körper ist immer noch schön. Älter zwar und anders. Aber die reizvollen Kurven von einst sind immer noch zu erahnen. Der kluge Geist ist immer noch klug. Vielleicht weiser noch als vorher. Was ihn einst interessant erscheinen ließ, ist heute noch interessanter. Das große Herz ist immer noch groß. Verwundet zwar, mit vielen Blessuren. Aber es schlägt seit vielen Jahren schon für Sie, schlägt weiter jeden Tag.

5. Erinnern Sie sich an die Eigenschaften Ihres Partners, in die Sie sich verliebt haben. Sie sind verheiratet mit einem einst liebenswerten Menschen. Ist er heute ein anderer Mensch? Oder steckt das Liebenswerte noch in ihm drin? Kitzeln Sie es aus ihm heraus, halten Sie Händchen wie frisch Verliebte.

6. Wenn Ihr Partner das alles kitschig findet und verweigert („Wir sind doch kein junges Liebespaar mehr"), beginnen Sie trotzdem damit, ihm Gutes zu tun. Wenn Sie sich nicht entmutigen lassen, wird er nämlich langsam auf den Geschmack kommen und auch netter werden, um die Liebe wieder zu genießen.

Ergänzung

Männer und Frauen ergänzen sich. Das beginnt mit der äußeren Form. Was beim einen konvex, ist beim anderen konkav. Gleich und Gleich gesellt sich gern, in der Liebe mögen wir's aber verschieden. Was zusammenpasst, ist keineswegs gleich. Abnehmender Mond und Mondsichel ergänzen sich zur Kreisform des Vollmondes. Säule und Höhle, Schraube und Mutter, Messer und Scheide, das eine kann ohne das andere nicht sein. Denken und Fühlen, Kraft und Geschicklichkeit, Tag und Nacht, Arbeit und Ruhe, Führen und Folgen – das Leben ist gegensätzlich. Die Chinesen nennen dies Yin und Yang. Alle Sprachen kennen männlich und weiblich. Alle Kulturen pflegen diesen Gegensatz in Traditionen, Ritualen und Kleidern.

Meine Generation hat den Versuch unternommen, diese Polarität abzuschaffen. Frauen tragen Männerkleidung, Männer haben wallendes Haar. Wir sind alle gleich und tragen Unisex. Man dachte, Unterschiede führen zu Ungerechtigkeit, zur Klassengesellschaft, zur Dominanz des Patriarchats über die rechtlosen Frauen.

Klingt gut, funktioniert aber nicht. Unisex ist grandios gescheitert. Zwar tragen wir alle Jeans, aber Frauen tragen sie anders als Männer. Wir leben in ähnlichen Welten und leben doch anders darin. Die Bestseller der Genderliteratur betonen die biologischen Unterschiede. Selbst die Medizin differenziert ihre Behandlungspläne nach X- und Y-Chromosomen.

Die Alten wussten es besser. Der Gegensatz von Mann und Frau ist ein Geschenk des Himmels. Es ist schön, beide Qualitäten zu spüren, wandeln zu können zwischen weiblicher und männlicher Welt. Immer schon gab es Frauenhäuser, nicht nur als Zuflucht vor männlicher Gewalt. Die wurde gezähmt in Männerhäusern, in Männerritualen wird rohe Kraft zu kluger Stärke.

In Verschiedenheit zu einer Einheit werden – das ist das Geheimnis von Frau und Mann. Im Anderssein aufeinander eingehen lässt die Harmonie der Beziehung entstehen. Männer können gut jagen und sich auf ein Ziel konzentrieren. Frauen überblicken das Ganze, übersehen dabei nichts. Mütter kümmern sich, Väter treffen schnelle Entscheidungen. Arbeitsteilung ist so alt wie die Menschheit selbst, belebt nicht nur die Wirtschaft, sondern auch das Familienleben. Wenn jeder tut, was er am besten kann, ist allen am meisten geholfen. Es ist gut, dass wir uns ergänzen.

Siegi und Elaine kommen in Therapie, weil Elaines Kaufverhalten Siegi wahnsinnig macht und zu ständigen Streitigkeiten führt. Elaine liebt es einzukaufen, Siegi ist Shoppen ein Gräuel. In ein Kleidergeschäft kriegt man ihn nur mit der Peitsche rein. Er versucht ständig, die Kauflust seiner Frau zu kontrollieren, scheitert damit aber völlig. So überhäuft er sie mit Vorwürfen, wenn sie mit vollen Einkaufstüten aus der Stadt zurückkommt. „Fürchten Sie, dass das Geld nicht reicht?", fragt der Therapeut. Siegi muss zugeben, dass die beiden keineswegs im Minus sind. Man geht die finanziellen Regeln der Herkunftsfamilien durch. In Siegis Kindheit wurde eisern gespart, Kathis Familie hatte Geld nur für das Nötigste. Daraus erklärt sich Kathis Nachholbedarf, während Siegi weiter dem spartanischen Stil seines Vaters treu bleiben will. Nach vielen Gesprächen und Hinterfragungen lernen die beiden, ihr gegensätzliches Geldverhalten zu tolerieren. Am Schluss entdeckt Siegi sogar, dass sich das gut ergänzt. Es ist immer da, was sie brauchen, denn Elaine kauft ja neue Sachen ein, die er dann auch genießt. Hätte er dieselbe Kauflust wie sie, dann würde das Geld nicht reichen. So kann sich jeder ausleben, sie in den Kaufhäusern und er anderswo. In Summe hat alles seine Richtigkeit, sie haben genug, nicht zu viel und nicht zu wenig.

Müde Ehe

Tipps

1. Nehmen Sie den Partner so, wie er ist, ohne Wertung, wie er zu sein hat. Da Menschen komplexe Wesen sind, ist die Art der Ergänzung oft sehr überraschend. Männliche Frauen und weibliche Männer, sensible und starke, introvertierte und extrovertierte, mathematisch und sprachlich Begabte – keine Ideologie kann festlegen, was männlich und was weiblich zu sein hat. Das spürt jedes Paar im täglichen Zusammenleben.

2. Genießen Sie die Polarität, statt sie zu bekämpfen. Vorschlagen und akzeptieren, führen und geführt werden – ist nicht alles gleich wichtig? Muskulöse Männer und weiche Frauen – verlieben wir uns nicht in den Gegensatz?

3. Versuchen Sie nicht, den Partner zu verändern, indem Sie sein Wesen ablehnen. Dann verfallen Sie nämlich in Selbstgerechtigkeit und in Sündenbockmechanismen und der Partner muss sich wehren. Oft bekämpft man im Partner einen Teil der eigenen Persönlichkeit, mit dem man nicht zurechtkommt. Entdecken Sie lieber in Selbsterfahrungsseminaren, was Sie an der Eigenschaft des Partners so stört und integrieren Sie diese Eigenschaft in Ihr Leben.

4. Machen Sie einen Tanzkurs miteinander, das wünscht sich Ihre Frau wahrscheinlich schon längst. Spüren Sie dabei die Schönheit der Unterschiede: Schwarz und Weiß, Anzug und Kleid, Führen und Geführtwerden – ist das nicht schön? Kein Tanz funktioniert, wenn beide die gleichen Schritte tun. Vor allem nicht zur gleichen Zeit, denn dann tritt man sich auf die Füße. Geh ich vor, gehst du zurück, geh ich nach links, gehst du nach rechts, das bringt uns der Tanzlehrer bei. Wir bewegen uns zwar zum selben Rhythmus, machen ähnliche Schritte. Aber mein Schritt ist die polare Ergänzung des deinen. Und eben dies sorgt für ein harmonisches Ganzes. Mit jedem Tanz üben Sie das, was Sie in Ihrer Ehe brauchen, um in Ergänzung gut miteinander umzugehen.

5. Überlegen Sie, ob manche Unterschiede nicht spiegelbildlich oder zeitversetzt sind. Was Ihrer Partnerin jetzt wichtig ist, haben Sie schon hinter sich. Wenn sie sich ärgert, ärgern Sie sich auch, drücken es nur etwas anders aus. Viele Konflikte, in die wir uns verbeißen, sind eigentlich Gemeinsamkeiten, da wir am selben Thema arbeiten.

6. Wenn Ihr Partner Ihr Anderssein bekämpft, bleiben Sie sich selber treu und verbiegen Sie sich nicht. Zeigen Sie Ihrem Partner immer wieder die Vorteile Ihrer Stärken und überzeugen Sie ihn langsam davon, dass Ihre Unterschiede hilfreich sind.

6. Wenn Ihr Partner sich von einer Ihrer Eigenschaften bedroht fühlt, seien Sie der Klügere und geben ihm pro forma Recht. Fordern Sie aber, dass er Selbsterfahrung macht, um den Grund seiner Ablehnung herauszufinden, die wahrscheinlich auf seine Kindheit zurückzuführen ist.

Geheimnisse

Kinder lieben Geheimnisse. Mit Geschichten über Schatzkarten, Rätsel und Wunder kann man sie bei Laune halten. Erwachsene sind große Kinder, auf der Suche nach dem Neuen, dem jungfräulichen Boden, den man als Erster betritt. Seefahrer vergangener Jahrhunderte riskierten ihr Leben, um fremde Länder zu entdecken. All das liegt an unserer Neugier. Unser Hirn braucht Futter, um zu wachsen.

In der Liebe ist es genauso. Geheimnisse gehören zum Liebesspiel, alles zu enträtseln macht es langweilig. Geheimnisvolle Frauen sind verführerisch, interessante Männer haben viel in petto. Die netten, berechenbaren wirken fad.

In der Pornografie ist es üblich, die letzten Leibeshöhlen auszuleuchten. Das schafft nicht Nähe, sondern Distanz. Gynäkologen dringen in die Höhlen ein, aber das ist kein erotischer Vorgang.

Was wäre ein Geschenk ohne die Aura des Unbekannten, ohne schöne Verpackung? Der Moment vom Zerreißen des Papiers bis zum Öffnen der Schachtel macht aus einem Diamanten einen glitzernden Brillanten.

Niklas versteht es, jeden Tag spannend zu machen und seine Frau Anna zu überraschen:
„Liebling, du ahnst nicht, was heute passiert ist." „Was ist es denn?" „Da kommst du nie drauf." „Nun sag schon." „Rate mal." „Spann mich nicht auf die Folter!"
Doch, genau das tut er. Erst wenn Anna geschwächt zu Boden geht, erzählt er ihr, dass der Nachbar eine Freundin hat, die Freunde ein Kind bekommen oder sein Chef wegen Unfähigkeit versetzt wird. Er überrascht sie mit ungewöhnlichen Überlegungen, spaßigen Verdrehungen, und dies nicht nur am 1. April: „Liebling, du bekommst heute seltenen Besuch." „Welchen den?" „Deinen Ehemann in bester Laune." „Das ist allerdings wirklich selten." „Dann sollten wir es feiern." Anna genießt es, dass ihr Mann den Alltag amüsant macht, und spielt das Spiel gerne mit.

Das Geheimnis lässt Möglichkeiten offen, das ist der Reiz daran. Als Verliebte denken wir uns vieles aus, was der Partner sein könnte, wie er an die Dinge herangehen und vor allem wie er auf uns zugehen wird. Diese Fülle der fantasierten Möglichkeiten macht den Partner größer, als er selbst durch größte Taten werden kann. Den Partner zu erforschen, ihm auf die Schliche zu kommen, sein wirkliches Wesen zu erfassen – das ist der Stoff, aus dem Romane sind.

Dramen beginnen mit einem Geheimnis und enden mit einer Enthüllung. Wird die Angebetete mich erhören? Heirate ich am Ende jemand anderen? Wenn man den Schluss am Anfang verrät, ist der Spaß am Stück vertan.

Lassen Sie also Ihren Partner oder Ihre Partnerin wie ein verruchter Bohemien zappeln. Sagen Sie nicht gleich, was Sie denken, auch wenn Ihnen selbst alles klar ist. Machen Sie sich interessant, indem Sie nur einen Zipfel der nackten Wahrheit zeigen – so erzeugen Sie Lust auf mehr.

Tipps

1. Überraschen Sie Ihren Partner, sooft Sie können. Mit Blumen, mit Theaterkarten, mit Schmuck, mit kleinen Geschenken. Das Unerwartete, um das man ein großes Geheimnis macht, ist doppelt schön. Das Geschenk zum Geburtstag, das geheim bleibt, auch wenn man es zu kennen glaubt, macht jeden Geburtstag einzigartig. Noch besser wirken Geschenke aus heiterem Himmel.

2. Nackte Körper sind schön, dünne Schleier machen Sie heiß. Lassen Sie Ihrem Partner den Spaß, Sie zu enthüllen. Verpacken Sie sich immer wieder, um andere Seiten Ihrer Schönheit herauszustreichen. Den Männern ins Stammbuch geschrieben: Freuen Sie sich, wenn die Frau ein Kleidergeschäft besucht. Daraus kommt jedes Mal eine neue Geliebte, die neu umgarnt werden will.

3. Gönnen Sie dem Partner die Freuden des Entdeckens. Lassen Sie ihn im Ungewissen, wie Sie sich entscheiden werden. Jeder spielt gerne Detektiv, jeder löst gerne Rätsel. Dann kann der Partner seine Vermutungen anstellen, was die Zukunft bringen wird. Er kann sich an der Diskussion beteiligen, was für beide am besten ist. Ihre Entscheidung geben Sie erst am Schluss bekannt, wenn es dann noch einer Entscheidung bedarf.

4. Machen Sie keinen Seelenstriptease. Sie können für Ihren Partner zwar sein wie ein offenes Buch. Aber wenn er erst jede Seite kennt, wird er es dann weiter zu Hand nehmen – oder eher nach einem neuen Buch suchen? Die Netten, die

alles für Ihren Partner tun, werden oft zur Seite gelegt, während die Femme fatale mit den Männern spielen kann, obwohl sie ihnen nichts gibt. Langeweile, weil man schon alles kennt, ist der Tod der Beziehung.

5. Behalten Sie manche Teile Ihres Lebens für sich, vor allem die, von denen Ihr Partner nichts versteht. Sie sollten ihn zwar nicht anlügen, müssen ihm aber auch nicht alles auf die Nase binden. Sie dürfen entscheiden, welche Facette Ihres Wesens Sie wann in die Beziehung einbringen. Enthüllen Sie ein Geheimnis nur, wenn Sie dazu Lust haben und wenn es passt. So bleibt immer noch genug Unentdecktes übrig, um den Rest Ihres gemeinsamen Lebens spannend zu machen.

Vertrautheit

Kleine Geheimnisse sind das Salz, das der Suppe Geschmack verleiht. Die Suppe selbst aber ist nahrhaft und heiß. Überraschung und Vertrautheit zusammen ergeben das gute Gericht. Der Alltag in der Beziehung hält warm. Die kleinen Unsicherheiten halten die Spannung aufrecht.

Sie kennen Ihren Partner. Vor Jahren dachten Sie, man müsse ihn ändern, aber das lassen Sie längst. Zu resistent ist sein Wesen gegenüber Erziehungsaufträgen. Das macht ihn berechenbar. Wenn man auf die Knöpfe drückt, erschallen bekannte Töne. Ihr Partner ist eine Harmonika, eine Orgel oder Gitarre. Auf allen kann man Melodien spielen, wenn man weiß, dass kein Klavier zum Xylophon wird und keine Trommel zur Geige.

Er bleibt seinem Wesen treu. Das ist das Wesen von Vertrautheit. Mit ihm weiß ich, woran ich bin. Er ist kein Irrwisch, der durch die Nächte geistert, nach Liebe hascht und schnell verschwindet. Er ist mein Held, mein Fels. Das ist das Wesen von Treue. Er steht zu seinen Gedanken und Taten. Vor allem steht er zu mir. Und ich zu ihm. Mit voller Absicht. Sind nicht des Meeres und der Liebe Wellen so stürmisch, dass einsame Schwimmer rasch ertrinken? Besser man sitzt im Boot. Im selben Boot. Ob man lieber rudert, segelt, mit Motoren heult, wer mag das wissen, wenn nicht ich und du? Man kann auch alles ausprobieren, mit vielen Booten fahren. Doch jede Ehe braucht den Hafen, wo man vor Anker geht.

Wenn Sie Ihre Vertrautheit vertiefen wollen, machen Sie mit Ihrem Partner folgende **Übung**:

Schließen Sie die Augen und stellen Sie sich vor, Ihre Ehe sei ein Boot, das Sie gemeinsam nutzen. Am Morgen lichten Sie den Anker, ziehen am Abend das Boot ans Ufer. Was jeden Tag gleich ist, wird Ihnen nicht fad, wenn Sie nur Fische fangen, braten, essen, verkaufen und davon leben können.

Was soll der Streit, wes Boot das bess're ist? Es gibt so viele Typen, schön sind sie alle für des Seemanns Auge. Wichtig nur, ein Boot zu haben. Ihr Boot, von dem Sie jede Planke kennen, mit starkem Kiel, der durch den Sturm trägt. Und bricht der Mast, dann haut man einen neuen aus einem starken Stamm. Und ist das Boot auch arg zerzaust, dann teert man liebevoll die Ritzen, trägt schöne neue Farbe auf. Und wieder strahlt das Boot im Glanz, gestählt durch viele Fahrten.

Du, meine Liebe, bist mein Boot. Du trägst mich sicher, wenn die Gischt mich arg durchnässt. Und fällt dein Motor aus, dann weiß ich ihn in Gang zu bringen, geb Öl und Eisen und meine letzte Kraft. Und du springst wieder an, seit vielen Jahren schon.

Sieh, dafür lieb ich dich. Dass du da bist in meinem Hafen, bereit mich in die Welt zu tragen, geduldig wartend auf den Kurs, den du oft besser kennst als ich.

Und riechst du auch nach Teer und Tang, köstlicher doch als jede Blüte. Salz hat sich eingeprägt ins Holz, das macht die Eiche stärker. Vertraue dir mein Leben an, was immer auch geschehe. Gehen wir dereinst gemeinsam unter, dann sinken wir zum Grund des Meers, zu Krebsen, Schwämmen, Anemonen. Dann gehen wir ein ins bunte Reich, nach dem sich Fischer sehnen. Wir werden selber Fische gar, Thunfisch, Tümmler und Delfine. Dann schwimmen wir im lauen Wasser, wo immer wir auch wollen. Groß ist das Meer, grad groß genug für unsre Liebe.

Tipps

1. Schätzen Sie Ihren Alltag. Ist es nicht schön, gemeinsam aufzuwachen, zu frühstücken, zu arbeiten, heimzukommen, den Tag zu besprechen, nebeneinander zu lesen, miteinander schlafen zu gehen? Fehlt nicht etwas, wenn der Partner auswärts ist? (Wenn nicht, ist er vielleicht wirklich der Falsche.)

2. Genießen Sie jede Facette Ihrer Frau, die Ihnen lieb und vertraut ist. Ihr Lächeln, die Art, sich zu frisieren, zu schminken, das Zupfen am Kleid, das Probieren vieler Kleider, weil keines schön genug ist, ihr Meckern und ihre Begeisterung, ihr Nettsein und ihre Kritik, ihre Intuition, die alles schon weiß, bevor Sie es aussprechen.

3. Genießen Sie jede vertraute Regung Ihres Mannes. Sein Schweigen, sein Murren, seine rasche Tat, die schnelle Entscheidung, den sachlichen Blick, die Angst, Gefühle zu zeigen, das Leuchten in seinen Augen, wenn er Ihren Busen sieht,

sein Begehren im falschen Moment, seine Klugheit und Rechthaberei, seinen Zwang, alles wissen zu müssen, die Scheu vor Arztbesuchen und die Wehleidigkeit, wenn der Magen schmerzt.

4. Genießen Sie, dass Sie Experten füreinander sind. Keiner kennt Sie so gut wie Ihr Partner, keiner kann so gut mit Ihnen umgehen, mit keinem anderen Menschen haben Sie so viele gemeinsame Rituale und Abmachungen, mit keinem so viel gemeinsame Geschichte.

5. Wenn Ihr Partner alles für selbstverständlich nimmt, machen Sie etwas Vertrautes eine Woche lang nicht. „Diese Woche habe ich keine Lust zu kochen" „Das kannst du nicht machen, du kochst doch so gut." Erst wenn der Partner die Selbstverständlichkeit wieder schätzt und sich darauf freut, tun Sie es wieder. Dann wirkt es auf einmal wie neu.

6. Werfen Sie Bewährtes nicht unnötig über Bord, nur um der Veränderung willen. Was sich in Jahren als Ritual eingespielt hat, ist meist die beste Lösung, die Sie beide finden konnten. Heben Sie Ihre Energie lieber für jene Bereiche auf, wo Sie vom Leben herausgefordert werden und erst Neues entwickeln müssen. Davon gibt es meist genug.

Austausch

Liebe elektrisiert, ist wie der Strom, der vom Plus- zum Minuspol fließt. Wenn Mann und Frau sich begegnen, spüren sie die Energie, die zwischen ihnen entsteht. Weibliche Energie fließt hin zum Mann, männliche Energie fließt hin zur Frau. Eine gelungene Ehe macht friedlich, weil sie die Energien ausgleicht.

Ganz deutlich ist das nach dem Sex. Man ist entspannt. Man fühlt sich sanft verbunden. Der Rest des Tages ist harmonisch. Wenn Kräfte ineinander fließen, sind Mann und Frau verbunden wie kommunizierende Gefäße, die ihre Seelen einen. Aggression und Unzufriedenheit werden ausgeglichen. Liebe ist ein Hin und Her von Impulsen, mit denen wir uns beeinflussen. Ich begehre dich und du lässt dich darauf ein. Du begehrst mich und ich freu mich darüber. Du hast einen Wunsch, ich erfüll ihn dir. Ich habe einen Plan, dabei unterstützt du mich.

Beziehung ist Evolution. Das ist schon bei den Tieren so. Hund und Mensch entwickelten sich aneinander. Löwe und Gazelle machten sich gegenseitig schneller. Biene und Blüte würden ohne einander nicht existieren. Mann und Frau auch nicht.

Alte Paare bleiben jung, weil ständig Ströme fließen. Der Strom im Haus treibt die Geräte an, der Strom im Hirn hält uns am Leben. Den Strom von Mann und Frau, den nennt man Liebe.

Wenn Sie den Austausch in der Beziehung vertiefen wollen, machen Sie folgende **Übung**: Sprechen Sie die folgenden Sätze zuerst auf Band und hören Sie sie dann beide mit geschlossenen Augen an:

Es gibt so vieles, was wir in der Ehe austauschen:
Wir tauschen unsere Gene aus, damit die Kinder kommen.
Wir tauschen die Gedanken aus, damit Ideen entstehen.
Wir tauschen die Gefühle aus, wollen warm und heimisch werden.
Wir tauschen die Verletzungen aus, um uns gegenseitig zu heilen.
Wir tauschen Fähigkeiten aus, um uns zu unterstützen.
Wir tauschen Stärken und Schwächen aus, um uns herauszufordern.
Wir tauschen unsere Impulse aus, um uns gegenseitig zu bewegen.
Wir tauschen unsere Sehnsucht aus, um Neues zu entwickeln.
Wir tauschen unseren Ärger aus, um Hindernisse zu erkennen.
Wir tauschen unseren Abscheu aus, um Falsches auszuschließen.
Wir tauschen unsere Werte aus, um Ziele zu erkennen.
Wir tauschen unsere Ziele aus, um Pläne zu entwickeln.
Wir tauschen die Finanzen aus, um Sicherheit zu haben.

Tipps

1. Partner sind Unterstützer. Wenn man das begriffen hat, wird die Ehe leicht. Dann kann auch Ärger hilfreich sein, denn er zeigt Probleme auf. Was meinen Partner stört, das nehme ich ernst. Denn er sieht etwas, was ich übersehen habe, durch ihn wird es mir klar.

2. Helfen Sie sich gegenseitig. Wenn einer mutlos ist, gibt der andere Hoffnung. Wenn einer scheitert, sieht der andere Licht im Tunnel und weist darauf hin. Liegt einer am Boden, hilft ihm der andere auf. Der Partner glaubt an mich, wenn ich es selber nicht mehr kann.

3. Sehen Sie sich als Sparring-Partner, welche die Kräfte aneinander trainieren. Was einer vermeiden möchte, der Partner stößt ihn darauf hin. Selbst wenn er etwas kritisiert, ist das die Chance, zu lernen. Wir fordern einander, wo uns die Faulheit droht. Wir bleiben in Bewegung. Bleibt einer stehen, sieht der andere das Ziel, für das es sich zu gehen lohnt.

4. Sehen Sie Ihre Beziehung als Ko-Evolution an. Man entwickelt sich miteinander. Man wählt einen Partner, der kann, was einem selber fremd ist. Das fordert uns heraus, Neues zu entwickeln. Wie bei einem Tennisspiel fliegt der Ball von einem zum anderen und erzwingt die richtige Reaktion.

5. Vermeiden Sie, wichtige Gefühle totzuschweigen und zu verdrängen. Auch wenn es um Unangenehmes geht, treibt der Austausch von Gefühlen die Beziehung voran. Je mehr Bereiche Sie verschweigen, desto mehr kommt der Austausch zum Erliegen.

6. Wenn der Austausch zum Erliegen gekommen ist und sich Ihre Beziehung „tot" anfühlt (das kann jedem Paar mal passieren), reden Sie viel miteinander, erzählen Sie von sich, Ihren Gedanken und Gefühlen und ermutigen Sie den Partner durch einfühlende Fragen, dasselbe zu tun.

7. Entwickeln Sie Rituale, um mit Konflikten umzugehen, und haben Sie keine Angst vor Streit. Wenn Sie unterschiedliche Standpunkte sachlich vorbringen und auch einmal nebeneinander stehen lassen, entstehen meist neue Möglichkeiten des Austausches.

Ähnlichkeit

Ich und du, wir sind uns ähnlich. Nicht in allem, doch in vielem. Wir stoßen uns an Unterschieden, die Gemeinsamkeiten sind so selbstverständlich, dass wir sie übersehen. So viel kann ähnlich sein an uns. Der Körperbau, die Art, zu essen, der Bewegungsdrang, der Wunsch nach Kindern; ästhetischer Geschmack, Überzeugung, Werte; die Art, die Freizeit zu verbringen, sozial oder introvertiert zu sein; die Intuition, der Leistungswille, die Art, Erfolg zu messen; die Art, zu jammern und zu leiden und tief gekränkt zu sein. Die Art, zu streiten und zu reden, uns immer wieder neu zu treffen.

Ärzte haben herausgefunden, dass alte Ehepaare einander immer ähnlicher werden, einfach weil sie Tag für Tag dasselbe essen. Linie und Gewicht nähern sich immer mehr an. Durch jahrzehntelangen Austausch entwickelt man dieselbe Art zu spüren, ähnlichen Geschmack, ähnliche Urlaubswünsche und Tagesrhythmen, arbeitet vielleicht sogar in ähnlichen Berufen. Mit dem Alter nimmt die Ähnlichkeit zu, weil man an ähnlichen Themen arbeitet. Was man hinter sich hat, wird zur Gemeinsamkeit, selbst die Art der Konfliktbewältigung. Die Unterschiede des Anfangs werden zu Gemeinsamkeiten, weil man vom anderen lernt. Man schaut sich viel

Müde Ehe

vom Partner ab, und irgendwann kann man es ebenfalls. Kompromisse – sich in der Mitte treffen – werden zur gemeinsamen Basis. Die Extreme des einen und des anderen schleifen sich aneinander ab.

Eltern entwickeln eine gemeinsame Linie, wenn es zu erziehen gilt. Die Familie entwickelt Regeln und Bräuche, an die sich alle halten. Wir beeinflussen uns gegenseitig und werden so einander immer ähnlicher.

Renate ist eine dynamische Frau, immer in Bewegung. Als Ausgleich sucht sie sich Robert aus, einen ruhigen, gelassenen Typ. Die beiden sind ein seltsames Gespann, scheinen gar nicht zusammenzupassen. Aber unterschiedliches Temperament hat Vorteile. Renate bringt Robert in Bewegung, Robert bremst sie herunter von ihrer chaotischen Hektik. Sie treffen sich bei einem mittleren Tempo, und das tut beiden gut. Nach zwanzig Ehejahren sind beide verändert und passen gut zusammen. Robert kann nun wild und angriffslustig sein, Renate ruhig und friedlich. Beide können beides, verhalten sich gleich, je nachdem was die Situation erfordert.

Tipps

1. Die Ähnlichkeit zeigt sich in dem, was man schon hat. Machen Sie eine Liste dessen, was Sie sich in der Beziehung aufgebaut haben. Dann wissen Sie, worin Sie sich einig sind.
   Sie genießen beide das Haus.
   Sie sitzen beide gern im Garten.
   Sie erziehen beide die Kinder.
   Sie lieben beide Hunde.
   Sie haben ähnliche Werte.
   Sie haben ähnliche Berufe.
   Sie essen beide gut und genussvoll.
   Sie wandern beide gern.
   Sie mieten beide gern ein Urlaubshaus.

   Selbst Streitpunkte sind oft Ähnlichkeiten:
   Sie sind beide sensibel.
   Sie lassen sich beide nicht gerne beleidigen.
   Sie werden beide nicht gern unterbrochen.

2. Vergleichen Sie sich mit anderen Paaren. Worin Sie sich von diesen unterscheiden, darin liegt Ihre Gemeinsamkeit. Das sportliche Paar, das ständig auf Tour

ist, das Fortgehpaar, das die Abende auswärts verbringt, das Karrierepaar, das sich nur selten sieht, das wäre alles nichts für Sie. Denn Sie schätzen vielleicht ein ruhiges Leben und sind sich darin einig.

3. Wenn Sie etwas in Ihrer Beziehung vermissen, dann bringen Sie diesen Wunsch ein und machen Sie daraus eine neue Gemeinsamkeit. Suchen Sie sich z.B. eine neue Sportart, die Ihnen beiden gefällt. Vielleicht werden Sie dann beide prima Bogenschützen oder Kletterer. Begleiten Sie den Partner bei seinem Hobby. Vielleicht finden Sie Gefallen daran und haben dann eine gemeinsame Freizeitbeschäftigung.

4. Fordern Sie nicht die totale Gemeinsamkeit von Ihrem Partner. Wenn Sie sich in der Hälfte Ihrer Eigenschaften ähnlich werden, dann reicht dies vollkommen. Schließlich wollen Sie ja auch weiter ein Eigenleben haben und nicht nur ein Anhängsel Ihres Partners sein.

5. Beißen Sie sich nicht an den wenigen Unterschieden fest, die zwischen Ihnen bestehen bleiben. Ihr Partner geht an manche Dinge anders heran, und das ist gut so. Sonst wäre er nur ein Abziehbild von Ihnen, und das würde Sie wahrscheinlich langweilen.

Kinder

Kinder kommen, wie sie wollen. Sie gehen auch, wie sie wollen. Geburt und Tod liegen nicht in unsrer Hand. Erwünscht, erwartet, heiß ersehnt; verachtet, vertrieben, abgelehnt. Was Eltern tun, die Kinder können nichts dafür.

Poetisch gesagt: Der Eltern Liebe nährt das Kind, der Eltern Hass macht es verhasst, der Eltern Schläge macht verschlagen; wer abgetrieben werden sollte, den treibt's ein Leben lang, der findet nirgends Heimat.

In Zeiten großer Not sind Kinder manchmal Pech. Wie soll man die Mäuler stopfen, wenn man selbst nichts mehr zu beißen hat? Und erst das Kind vom falschen Mann, wo soll man damit hin? Wenn Kinder wertlos sind, dann ist der Mensch nichts wert. Wenn Kinder böse sind, dann gibt es böse Menschen. Wer Liebe will, muss Kinder lieben.

Wohl dem, der Kinder hat. Sie sind der Atem des Lebens. Sie bauen uns das Haus von morgen, von dem wir heute nichts wissen. Auch wenn wir manches nicht verstehen, sie machen sich verständlich. Sie tun so lange, was sie wollen, bis wir den Sinn erkennen.

Sind die Kinder einmal groß, ist unser Job erledigt. Dann sind wir zwar immer noch Eltern, müssen aber nichts machen, und wenn wir wollen, können wir uns um die Enkel kümmern.

Jutta und Manuel lieben Kinder. Als Jutta mit 18 schwanger wird, heiraten sie und bekommen bald drei weitere Kinder dazu. Ist zwar alles ein bisschen schwierig, aber die Großeltern helfen aus und irgendwie kommen sie zurecht. Die nächsten Jahre sind sie voll mit der Elternschaft beschäftigt, und das füllt sie aus.
Als die Kinder der Reihe nach in die Pubertät kommen, sind nicht nur die kritisch, sondern auch Jutta und Manuel werden unzufrieden. Eigentlich hatten sie wegen der Kinder nie eine eigene Jugend. Da gäbe es viel nachzuholen.
Manuel bricht aus und lässt Jutta mit der Kinderbetreuung allein. Jutta ist sauer und bald stehen die beiden vor der Scheidung. Als letzten Rettungsversuch machen sie eine Mediation. In den Gesprächen entdecken sie, dass beide dieselbe Sehnsucht nach Freiheit haben, dass aber auch beiden die Kinder wichtig sind. Sie beschließen, als Eltern weiter zusammenzuarbeiten und sich nicht scheiden zu lassen, sich aber als Partner loszulassen. Sie wechseln sich im Kinderdienst ab. Wer gerade keinen Dienst hat, darf tun, was und mit wem er will. Den Kindern ist dies recht. Was wohl aus der Beziehung ihrer Eltern wird? Das wissen Jutta und Manuel selbst noch nicht, denn das Ende ist offen.

Tipps

1. Genießen Sie das Leben mit Ihren Kindern, auch wenn Sie sie manchmal zum Mond schießen könnten. Die Kinder bringen so vieles mit, woran wir uns freuen können. Das Leben ist ein Kinderspiel, solange man Kinder hat. Klötze stapeln, Tiere schauen, mit Fingerfarben malen, in der Erde wühlen, Sandburgen bauen, in jede Pfütze springen.

2. Entdecken Sie das Kind in sich selbst. Wenn Eltern bei den Kindern sind, dann sind sie selber Kinder, dürfen all das tun, was die Vernunft verbietet. Die Kissenschlacht, die Spritzpistole, Unfug halt.

3. Freuen Sie sich über Ihr Kind und jeden seiner Entwicklungsschritte. Kinder machen es uns leicht. Das herzige Gesicht, man möchte es gleich streicheln. Die zarte Stimme ist schöner als Musik. Der tapsende Schritt, so drollig, dass wir lachen. Der ungebremste Mut beim Erobern der Welt, er ist bewundernswert.

4. Seien Sie stolz auf Ihr gemeinsames Projekt Kind, das Sie verbindet, selbst wenn Sie sich scheiden lassen. Sehen Sie, welch wunderbares Wesen Sie beide geschaffen haben.

5. Verwenden Sie das Kind nie als Waffe gegen den Partner, denn damit treiben Sie es in einen unlösbaren Konflikt. Es will ja Mutter und Vater lieben und braucht beide. Wenn Sie Ihren Partner schlechtmachen, kann sich dies irgendwann gegen Sie selbst richten, wenn das Kind in der Pubertät die Seiten wechselt.

6. Achten Sie auch im Falle einer Scheidung darauf, dass die Beziehung des Kindes zu beiden Elternteilen erhalten bleibt. Das Kind braucht ein männliches und ein weibliches Modell für seine Entwicklung. Auch wenn Sie vieles an Ihrem Ex stört, wird das Kind doch viel von ihm übernehmen. Und schließlich soll er auch seinen Teil der Erziehungsarbeit leisten. Jedes zweite Wochenende kinderfrei zu sein, ist sehr erholsam.

Freiräume

Es ist eng in Ihrer Beziehung, Sie können sich nicht entfalten, nicht tun, wonach Ihnen ist, möchten ausbrechen und tun dies auch. Ihre Partnerin wird wahnsinnig, weil Sie nichts von sich hören lassen. Ihre Beziehung ist in Gefahr, weil Sie Nähe und Freiheit nicht verbinden können. Sie halten sich für eheunfähig, bekommen alle Zustände, wenn sich der Partner herandrängt und Sie drücken will – kurz: Ihre Beziehung ist ein Desaster.

Schon mal erlebt, Sie kennen das, von sich oder Ihrem Partner? Was tun, sprach Zeus? Ganz einfach: Errichten Sie einen Raum. Oder zwei Räume. Oder gleich ein ganzes Haus. Die Enge in manchen Beziehungen ist ein Erbe der Zeit, als zwanzig Menschen in einem Raum hausten wie Flüchtlinge in einem Asylantenheim. Das hält zwar warm, ist aber nicht der Inbegriff von Glück.

Seit zwei Generationen können wir uns Wohnungen leisten, aber noch in meiner Kindheit hatte niemand ein eigenes Zimmer. Man musste sich anpassen an die Bedürfnisse von anderen, die schönen Plätze waren meist besetzt.

Auch wenn wir heute Häuser haben, herrscht in unseren Herzen Enge, wenn wir an Nähe denken. Besonders Männer, die ein Revier zum Herumstreifen brauchen, weil ihre Gene auf das geprägt sind, was die Aborigines „Walkabout" nennen, tun sich damit schwer. Frauen, die gewohnt sind, die Familie wie einen Haufen Flöhe im Nest beisammenzuhalten, haben das Nachsehen. Das Nest bleibt ohne Mann.

Max und Amelie sind seit der Hochzeit ständig beisammen. Anfangs, weil es so schön ist, danach weil sie ein Haus bauen, dann erfordern die Kinder ständige Aufmerksamkeit. Max arbeitet viel, da viel Geld benötigt wird, und hat ein schlechtes Gewissen, wenn er nach Dienstschluss nicht sofort nach Hause geht, um Amelie zu helfen. Er trifft seine Freunde kaum noch und verlässt sogar die Betriebsfeiern so früh wie möglich.

Das geht viele Jahre gut. Die Kinder sind nun schon größer und man könnte sich Babysitter leisten oder Verwandte einspannen. Max und Amelie fühlen sich aber weiter verpflichtet, Familienmenschen zu bleiben, sprich: ständig zu Hause zu sein. Bis Max aus heiterem Himmel aggressiv auf seine Frau wird. Eines Abends geht er außer Haus und kommt tagelang nicht wieder. Als er wieder auftaucht, bleibt die Stimmung gespannt. Amelie versteht überhaupt nicht, was los ist.

In der Partnertherapie berichtet Max von seinem Bedürfnis nach Freiheit und hört, dass dies ganz normal ist. Max und Amelie vereinbaren, dass jeder einen freien Abend in der Woche hat, wo er etwas alleine unternehmen darf. Max nimmt Arbeitsaufträge an, wo er tage- oder wochenlang in anderen Städten ist. Nun entdeckt auch Amelie, dass es ganz angenehm ist, manchmal nur für sich zu sein.

Gönnen Sie Ihrer Beziehung ein großes Haus mit vielen Räumen. Die Reichen taten das immer schon. Nicht zufällig landen Aschenputtel und Schneewittchen in einem Schloss, wenn die netten Prinzen kommen. So viel Geld haben Sie nicht? Kein Problem. Räume zu errichten geht auch ohne Mauern. Es ist ein geistiger Vorgang. Es geht dabei darum, die eigenen Grenzen zu zeigen und die Grenzen des anderen zu respektieren.

Wenn Sie sich mit Grenzen schwertun, schließen Sie die Augen und machen Sie die folgende **Übung**:

Stellen Sie sich vor, Sie leben wie Schneewittchen und der Prinz. Ihr Leben ist Ihr Schloss und der Geliebte lebt in seinem. Sie schreiben Einladungen, in welchem Raum und zu welchem Zweck Sie sich treffen könnten. Sie lassen sich auch gerne einladen, genießen dann das Schloss des Geliebten, denn dieses hat seinen eigenen Stil. Es zu verändern, hieße, ihm seine Eleganz zu nehmen.

Stellen Sie sich auch zur Abschreckung Schneewittchens schlechtes Ende vor, das uns wohlweislich niemand erzählt. Schneewittchen zieht ins Schloss des Prinzen, beginnt alles umzubauen, reißt die Gobelins von den Wänden, zertrümmert die Türen und Traditionen, um alles nach ihrem eigenen Geschmack zu ersetzen. Der Prinz wird wahnsinnig, schmeißt sie hinaus und holt sich Aschenputtel.

Dieses Drama findet häufig statt, wenn jemand das Leben des Geliebten „verschönern", ihm die richtigen Werte, das richtige Benehmen, die richtigen Ziele beibringen will. Dann machen sich undankbare Prinzen aus dem Staub oder hören auf, Prinzen zu sein. Also versuchen Sie dies lieber nicht.

Tipps

1. Spüren Sie den Raum Ihres Körpers. Die Reichweite Ihrer Hände und der Luftraum darum herum sind Ihr Hoheitsgebiet, in das niemand eindringen darf. Ob Sie eine Hoheitszone von zwei, drei oder fünf Metern Radius brauchen, bleibt Ihnen überlassen und schwankt von Fall zu Fall. Das Hoheitsgebiet steht Ihnen aber zu.

2. Respektieren Sie den Körperraum Ihrer Partnerin. Wenn Sie in einem Autobus neben jemand Platz nehmen, fragen Sie ja auch um Erlaubnis, wenn Sie in den Körperraum des anderen eindringen. Nur ein Rüpel setzt sich wortlos Hüfte an Hüfte an eine schöne Frau. Sie wollen doch kein Rüpel sein, also fragen Sie Ihre Frau, ob es erlaubt ist, neben ihr zu sitzen oder ob sie gerade lieber ihre Ruhe hat.

3. Sprechen Sie sich mit Ihrem Partner ab, wie viel Nähe gerade möglich ist. Jede Nähe ist ein Eindringen in den Raum des anderen. Bei Verliebten allerdings ein wunderschönes, wenn wir in die Aura des anderen eingeladen sind. Nur wenn wir eingeladen sind, machen Nähe, Berührung und Eindringen glücklich.

4. Machen Sie sich die vielen Räume bewusst, in denen sich Ihre Beziehung bewegen kann – den Sprach-Raum, den Sicht-Raum, den Haut-Raum, den Herz-Raum, den Greif-Raum, den Mund-Raum und den Raum des Geschlechts. „Gehen wir zu dir oder zu mir?" „Wohin darf ich mich setzen?" „Wie nahe darf ich dir kommen?" Das Erlauben von Räumen beflügelt das Spiel der Liebe.

5. Wenn Sie den Raum Ihrer Partnerin respektieren, dann dürfen Sie auch Ihren eigenen Raum verteidigen. „Jetzt nicht, Liebling" ist Ausdruck Ihrer Souveränität. Nicht alle sind dabei souverän. Viele Männer hatten raumlose Mütter, die nie aufhörten, den Sohn als Teil des eigenen Körpers zu betrachten, was er zugegebenermaßen einst war. Wenn es juckt, kratzt man sich, ohne überlegen, den eigenen Körper muss man nicht fragen. Wenn Söhne ohne Fragen gedrückt werden, verbinden sie nicht selten Umarmen mit Druck. Zwischen Töchtern und Vätern ist solches noch schlimmer, wird Grenzüberschreitung zum Missbrauch. Wenn Sie und Ihr Partner sich Raum zugestehen, verliert die Abwehr ihre Gefährlichkeit. Ich schiebe meine Partnerin nicht weg (das wäre verletzend), ich errichte vielmehr unseren Freiraum (den braucht sie ja auch).

6. Nutzen Sie die vielen Räume, die Sie für sich selbst und ohne Partnerin haben wollen. Zeiträume, Hobbyraum, Arbeitsraum, Gesundheitsraum, den Raum der Visionen, Denkräume, Fühlräume, den Werteraum. Machen Sie es Ihrem Partner klar, wenn Sie in einem dieser Räume allein sein wollen, oder laden Sie ihn ein, den Raum gemeinsam zu nutzen. Sie können, müssen aber nicht alles mit dem Partner teilen.

7. Wenn Sie viel Freiraum brauchen, nehmen Sie sich zwei getrennte Wohnungen, um das Gefühl der Freiheit erleben zu können. Der Maler Salvador Dalí und seine Muse Gala trieben dies im hohen Alter auf die Spitze. Dali kaufte seiner Geliebten das Schloss Pujol und durfte sie dort nur besuchen, wenn sie ihm Audienz gewährte.

8. Wenn Sie an die Grenzen Ihres Partners stoßen, ärgern Sie sich nicht. Konzentrieren Sie sich lieber auf den eigenen Raum, machen Sie für sich neue Räume auf und nutzen Sie die Zeit für sich selbst.

9. Kleben Sie nicht am Partner wie eine Klette. Damit nehmen Sie ihm früher oder später die Luft und er muss Sie von sich stoßen, obwohl er Sie liebt.

10. Machen Sie Ihrem Partner möglichst keine Vorschriften, wie er sein Leben gestalten soll. Denn dann wird er sich dominiert fühlen und gegen Sie um seine Freiheit kämpfen. Vermeiden Sie ihn zu bevormunden, denn das ist ein ständiger Anlass für Streit.

11. Geben Sie dem Partner die gleichen Rechte, die Sie selbst brauchen, und hören Sie ihm zu, wenn er sich eingeengt fühlt. Wenn Sie sich offen und ehrlich über Grenzen austauschen, regulieren sich die Freiräume meist ganz von selbst.

Verzeihen

Sie können sich anstrengen, so viel Sie wollen, alles über die Liebe lernen, den Partner respektieren, umwerben, schätzen und doch wird eines nicht gelingen: den Partner nie zu verletzen. Dazu müsste er berechenbar sein, aber das ist er nicht. Vielmehr ist er ein eigenes Universum mit Sonnen und schwarzen Löchern, mit Planeten, Monden und leeren Weiten, in denen doch Licht und Neutronen strahlen. Ohne schwarze Löcher würde es die Galaxien zerfetzen. Ohne die von der Lebensgeschichte geprägten Fettnäpfchen wäre Ihre Partnerin nicht die, die sie ist.

Dem Partner eine Verletzung ewig vorzuwerfen, hat nicht viel Sinn. Besser Sie biegen ein in die Straße, die zum Verzeihen führt. Das ist notwendig, wenn man sich nach einem Streit nach Versöhnung sehnt. „Sind wir wieder gut?" Wenn diese schüchterne Frage in einer Umarmung endet, kommen wir aus der Beziehungshölle zurück in den Himmel. Dort wollen wir schließlich hin. Aber die Straße zum siebten Himmel kennt keine Abkürzung. Der kurze Feldweg empfiehlt sich nicht. Man muss die Straße schon zu Ende gehen, wenn man sein Glück wiederfinden will. Verzeihen heißt, den Weg zu erklären, der zum Herzen führt. Versöhnung gelingt, wenn man die Erfahrung des Partners ernst nimmt und versteht.

In einem fremden Land zu wandern, ist eine gute Übung. Man kann darüber schimpfen, dass die blöden Franzosen kein Deutsch können, und sie mit Verachtung strafen. So wurden Nachbarn zu Feinden, die sich gegenseitig abschlachteten. Oder man geht auf sie zu und versucht, sich mit Händen und Füßen verständlich zu machen. Dann erntet man liebenswürdige Hilfsbereitschaft und kommt in der Regel weiter.

Französinnen gelten als schöne Frauen, welcher Mann würde nicht gern eine heiraten? Die meisten Ehemänner haben eine „Französin" zu Hause, sie kleidet sich hübsch und ihre Sprache tönt verlockend. Wir verstehen sie nur leider nicht, begehen deshalb einen Fauxpas nach dem anderen. Wenn wir aber fragen, erklärt sie gerne, wie alles gemeint ist. Dann lernen wir langsam die Sprache der Frauen, ernten das Leben in einem Land, das voller Ästhetik und Lebensfreude ist.

Verzeihen heißt anzuerkennen, was ist. Der Fremde kann nichts dafür, dass er in einem anderen Land geboren ist, andere Sitten und Bräuche hat. Wenn ich dich nehme, wie du bist, kann ich deine Fehler verzeihen als Schritte auf deinem Weg. Hauptsache, er führt dich zu mir.

Martha und Kurt kommen zu einer Familienaufstellung, da Kurt mit Marthas vielen Verletzlichkeiten nicht zurechtkommt und Martha ihm sein häufiges Fehlverhalten nicht verzeihen kann. Martha stellt ihre Kindheit auf und weint bald bitterlich, denn ihr Vater ist ein sadistischer Mensch, der sie quält, schlägt und ständig abwertet. Der Psychologe schlägt ihr als Lösung vor, dem Vater die Meinung zu sagen und ihn dann zu verlassen. Martha wird wütend und schlägt auf einen Polster ein, der symbolisch für den Vater steht. Sie schreit die ganze ohnmächtige Wut heraus, die sich in ihrer Kindheit aufgestaut hat. Dann dreht sie sich um und verlässt den Raum.
Nach der Aufstellung ist Martha erschöpft, aber auch entspannt. Sie sieht Kurt nun mit anderen Augen und kann ihn aus der Rolle des bösen Mannes entlas-

sen. Danach finden die beiden einen Weg, die kleinen Verletzungen des Alltags schnell aus dem Weg zu schaffen. Marthas Empfindlichkeit bleibt zwar, aber die Versöhnung gelingt nun sehr schnell.

Tipps

1. Wenn Sie sich in den Gemütszuständen Ihrer Partnerin verlaufen haben, fragen Sie nach dem Weg: „Was verletzt dich, was stört dich?" Der Unterton ist dabei wichtig. Wenn gemeint ist: „Hör endlich auf mit dem Blödsinn!", wird Sie das der Seele der Partnerin nicht näherbringen. Wenn Sie aber nach der Landkarte ihres Inneren fragen, wird sie Ihnen Auskunft geben. „Du gehst zuerst nach links, dann zweimal rechts, dann geradeaus", und schon sind Sie bei ihrem Herzen angelangt. Dann ist die Versöhnung echt. Dann haben Sie beide profitiert. Sie kennen den neuen Weg und die neue Landschaft. Und die Partnerin fühlt sich verstanden.

2. Sagen Sie Ihrem Partner, was Sie verletzt, denn er verletzt Sie ja nicht mit Absicht, sondern aus Unwissenheit. „Au!" ist in jeder Beziehung ein wichtiges Wort, „Du tust mir weh!" ein sehr zu beachtender Satz. Wort und Satz bedeuten, dass man eine wesentliche Stelle des Partners berührt hat.

3. Machen Sie sich über die Empfindlichkeit des Partners nicht lustig. „Sei nicht so zimperlich!" ist eine übliche, schlechte Antwort. Denn sie bedeutet, dass man den anderen nicht so haben will, wie er ist. Dem bleibt nichts anderes übrig, als um sein So-Sein zu kämpfen, und er wird immer öfter „Au!" schreien. Je öfter der Schrei mit Ignoranz beantwortet wird, desto stärker wird die Verbitterung, desto fantasievoller werden die Vorwürfe.

4. Zeigen Sie Ihren Ärger, machen Sie sich Luft, damit Ihr Partner versteht, dass er Sie wirklich gekränkt hat. Wenn Sie Dampf abgelassen haben und Ihr Partner sich entschuldigt hat, fällt die Versöhnung meist ganz leicht.

5. Auch wenn Sie sich nicht schuldig fühlen, entschuldigen Sie sich trotzdem. Sie müssen sich nicht verteidigen, denn es ist ja klar, dass Sie Ihre Partnerin nicht verletzen wollten. Sagen Sie die Entschuldigung Ihrer Partnerin zuliebe, denn es hilft ihr, sich zu beruhigen und zu verzeihen.

6. Seien Sie nicht nachtragend, wärmen Sie Vorwürfe nicht immer wieder auf. Geben Sie ihm lieber eine Chance, die Sache wieder gutzumachen, indem er in Zukunft richtig mit Ihrer Empfindlichkeit umgeht.

7. Es gibt natürlich unverzeihliches Fehlverhalten, dass so schwer wiegt, dass man sich trennen will. Wenn Sie aber etwas Alltägliches nicht verzeihen können, obwohl der Partner sich entschuldigt hat, machen Sie Selbsterfahrung und überprüfen Sie, ob Sie nicht eine alte negative Erfahrung auf den Partner projizieren.

Erinnerungen

Denken Sie sich Ihren Partner dreidimensional. Dann haben Sie mehr von ihm. Sie denken: „Was soll der Blödsinn? Alles ist doch dreidimensional, alle Körper sind lang, breit und hoch." Gemeint sind hier nicht die räumlichen, sondern die drei seelischen Dimensionen:

1. Der Mensch für sich allein
2. Der Mensch in Beziehung zum Partner
3. Der Mensch im Laufe der Zeit

Jeder Mensch für sich ist bereits ein Wunder. So viele Zellen, die zusammenarbeiten, so viele Fähigkeiten und Leidenschaften, so viel, was einer erreichen und aus seinem Leben machen kann.

Zwei Menschen sind eine Sache für sich. Die Ehe ist mehr als der Mann und die Frau. Der Mann als Ehemann zeigt Seiten, die dem Single fremd sind, die Ehefrau desgleichen. Gemeinsam erreicht man mehr, gemeinsam wächst man weiter.

Die dritte Dimension ist der Lauf der Zeit. Der Mensch ist immer derselbe, aber immer wieder anders. Laut dem Rätsel der Sphinx geht er am Morgen auf vier Beinen (Krabbeln), zu Mittag auf zwei (Gehen), am Abend auf drei (gestützt auf den Stock). Kein Mensch ist mit vierzig so wie mit zwanzig. Und mit achtzig erst, da kann man sich kaum mehr vorstellen, dass in jenem alten Körper einst ein Kind steckte.

So lebt jedes Paar in einem eigenen Universum, das die Liebe erst richtig spannend macht. Das Maß dieses Universums sind Erinnerung und Fantasie. Sie machen aus kleinen Planeten ein ganzes Sonnensystem. Wenn jung Verliebte sich in die Augen schauen, dann sehen sie nicht nur den Partner heute, sondern den ganzen Weg seiner Zukunft, die Potenziale, Träume und Vorhaben. Wenn alte Verliebte sich in die Augen schauen, dann erinnern sie sich an alles, was war. Je länger man zusammen ist, desto mehr gibt es zu sehen.

Wenn man mit sechzig heiratet, dann geht einem vieles ab, was mit der Jugend verschwunden ist: straffe Haut, feste Muskeln, unermüdliche Energie, Kampfesmut und faltenfreie Schönheit. All das hatte der Partner einst, aber es ist einem entgangen, da man ihn noch nicht kannte. Wenn man aber den Partner seit Jahrzehnten kennt, ist all das noch vorhanden – in unserer Erinnerung, die wir teilen. Alles ist da, was einmal da war.

Sepp und Mariann, ein altes Paar, kommen in Therapie, weil Sie sich nichts mehr zu sagen haben. Sie haben sich auseinandergelebt. Sich nach 35 Ehejahren scheiden zu lassen, halten sie auch für blöd. Was kann man da machen?

Der Therapeut lässt sich in Einzelgesprächen die 35 Ehejahre schildern. Da werden beide sehr gesprächig. Was sie alles geschafft haben, die harten Zeiten, die romantischen Stunden, die viele Arbeit mit den Kindern, die schönen Urlaube, der Streit mit den Schwiegereltern, die Partys mit Freunden, die Krankheiten, die Fortbildungen. Jeder für sich allein gibt zu, dass sie eine Menge miteinander erlebt haben. Aber leider ist das halt Vergangenheit.

Die beiden bekommen als Hausaufgabe mit, dem anderen all das zu erzählen, was sie dem Therapeuten gerade erzählt haben.

Er sieht das Paar nie wieder. Sepp sagt den nächsten Termin ab: „Wissen Sie, seit wir gemeinsam durch die Vergangenheit reisen, macht uns auch die Gegenwart des anderen wieder Freude."

Tipps

1. Blicken Sie Ihrer Frau ins Gesicht und sehen Sie sie, so wie sie heute ist, aber auch so, wie sie mit dreißig oder vierzig war. Die hundert Erinnerungen an Schönes und Schwieriges füllen dann Ihre Ehe bis an den Rand.

2. Stellen Sie sich vor, Sie haben nicht nur eine Frau, sondern deren viele: ein schüchternes Mädchen, eine junge Erwachsene, eine starke Mutter, eine weise Partnerin. Die beste Form der Polygamie (außerdem völlig legal) heißt: alle Frauen in einer Person. Als Frau machen Sie dasselbe mit Ihrem Mann.

3. Du bist alles für mich, hört man Verliebte sagen. Wie Recht sie haben! Das ist die Chance der Ehe. Dass wir uns alles sind. Nicht alles auf einmal. Aber alles nach und nach. Reisen Sie in Ihrem dreidimensionalen Universum durch die Zeit: Sie sind ein kleines Mädchen und spielen mit dem Puppenhaus, dann sind Sie die glückliche Braut und freuen sich auf die Flitterwochen, dann die Karrierefrau, die sich hart ihren Weg erkämpft, dann die weise Frau, die die Dinge gelassen sieht. Ihr Mann reist auch aber nach eigenem Plan. Er ist der

junge Casanova, der Frauen die Herzen bricht, der mutige Geschäftsmann, der seine Idee umsetzt, der kleine Bub der Eisenbahn spielt, der alte Weise, der meditiert.

4. Halten Sie Ihre Beziehung offen für die Vielfalt verschiedener Rollen. Alle Gestalten Ihrer Ehe begegnen sich in der Zeit und sind doch nicht an die Zeit gebunden. So entstehen immer neue Begegnungen. Eisenbahnspieler trifft Karrierefrau, junge Mutter trifft Casanova, alter Weiser trifft junge Braut, Puppenhaus trifft Geschäftsmann. Und dann wieder gesellt sich Gleich zu Gleich, zwei spielende Kinder, zwei tüchtige Erwachsene, zwei alte Weise.

5. Wenn Sie gefährdet sind, einen Seitensprung zu begehen, versuchen Sie, mit Ihrem Partner das zu leben, was Sie verloren haben. Denn in Seitensprüngen suchen wir das, was in der Beziehung verschwunden oder verboten ist. Karrierefrau trifft Casanova, ein sehr beliebtes Spiel, schüchternes Mädchen und harter Geschäftsmann ist immer wieder en vogue. Ein teures Unterfangen, das man hart bezahlt. Einfacher ist es, die Vielfalt in die Beziehung zu holen, dann bleibt die sehr lebendig.

6. Erlauben Sie sich, alles zu sein, was Sie jemals waren, alles zu seiner Zeit: stark, schwach, hart und sanft; verspielt, vernünftig, träumerisch; erotisch und nicht interessiert, alles in einer Person.

7. Erinnern Sie sich gemeinsam an die schönen Momente, die unvergesslich sind. Wenn Sie einmal miteinander sehr glücklich waren, dann haben Sie dieses Glück für immer. Denn die Erinnerung liegt jenseits der Zeit. Gleich ob etwas heute ist, gestern war oder morgen sein wird – das Glück in unserem Kopf schwindet nicht, solange es uns wertvoll ist, gehegt und gepflegt wird. Woran wir gerne denken, das wächst noch immer, auch wenn es längst vergangen ist.

8. Geben Sie schöne Erinnerungen an Ihre Kinder weiter. Damit prägen Sie deren Bild von der Partnerschaft. Mama und Papa haben sich lieb oder sie hatten sich einmal lieb. Wenn Kinder solches hören, dann haben sie es leicht. Wir machen es wie Mama, Papa, wie Oma, Opa, Uroma. Lieben, das ist keine Kunst, wir machen's einfach nach. Wir lächeln so wie unsere Eltern, bewahrt vor Ungemach.

9. Auch wenn Sie sich trennen, entwerten Sie nicht die schönen Zeiten, die Sie hatten. Denn damit schneiden Sie sich von Ihrer eigenen Vergangenheit ab. Sie müssen den Ex nicht schlechtmachen, um sich scheiden zu lassen, das dürfen Sie auch so. Mit ihm waren Sie einmal glücklich, und das war gut. Jetzt brauchen Sie etwas anderes, und das ist auch in Ordnung.

Optimismus

Jeder wünscht sich einen Partner, der aufbaut, unterstützt, anerkennt, lobt, mehr lacht als weint, das Schöne im Leben mehr beachtet als das Hässliche. Sitzt zu Hause ein Menschen verachtender Miesepeter, dann nährt dies die Trennungsgedanken.

Optimismus muss nicht so weit gehen, dass wir Schwierigkeiten leugnen. Es ist befreiend, wenn man seinem Partner den Ärger erzählen kann, der von Kollegen, Chefs, Missgeschicken, Niederlagen, Verwandten, Bekannten, Nachbarn, Kindern, Enkeln, Tieren, Wetter und Konjunkturberichten erzeugt wird. Und der Partner darf ruhig einstimmen in die Jammerei, bestätigen, wie böse die Welt ist, in der wir heute leben.

Es sollte nur nicht die ganze Zeit so sein, dass wir uns von bösen Menschen und feindlichen Mächten umgeben fühlen (Psychiater dichten uns sonst eine Paranoia an). Wenn wir uns das Schlechte von der Seele geredet haben, sollten wir unsere Herzen mit Gutem füllen. Wir brauchen einen Partner, der uns vom Negativen zum Positiven führt, der jedes Problem ernst nimmt, dahinter aber die Lösung vermutet. Nicht Zuckerguss-Optimismus um jeden Preis, sondern realistischer Glauben an das Gute, das tut gut.

Optimismus kann man lernen. Eine alte Frau drückte das so aus: „Es gibt nichts Schlechtes, in dem nicht etwas Gutes enthalten ist." Hinter jedem Hindernis lauert der Erfolg. Wir müssen nur daran glauben und danach suchen.

In der systemischen Therapie nennt man dies die Technik der positiven Umdeutung. Jede Krankheit hat ihren Sinn. Jedes Problem hat seinen Grund. Wenn wir den Sinn des Problems erkennen, tun wir uns leicht, das Problem zu lösen.

Beispiel gefällig? Der pubertierende Sohn läuft davon, schlägt sich eine Woche alleine auf Bahnhöfen herum. Die Eltern sind in Panik wegen der Gefahren, die auf der Straße lauern, und bezichtigen sich gegenseitig, den Sohn falsch erzogen zu haben. Positive Umdeutung: Der Sohn macht einen Riesenschritt in Richtung Selbstständigkeit.

Beispiel 2: Die Ehefrau beschimpft ihren Mann, weil er nie zu Hause ist, und wenn, dass er dort keinen Finger rührt. Dicke Luft, Mann und Frau sind sauer und reden nicht mehr miteinander. Positive Umdeutung: Die Frau initiiert eine Veränderung, der Mann lernt, seine Verantwortung wahrzunehmen.

Beispiel 3: Der Ehemann begeht alkoholtrunken einen Seitensprung. Die Ehe ist in Gefahr, die Frau kann ihm nicht verzeihen. Positive Umdeutung: Der Mann hat eine Krise herbeigeführt, um die Leidenschaft in der Ehe wieder anzufachen.

Oft ist nicht die Krise das Problem, sondern das, was hinter der Krise steckt. Seitensprünge zu vermeiden, erspart uns Krisen, löst aber nicht das Problem, wie wir wieder Pfeffer in die erkaltete Suppe des Liebeslebens bringen.

Pflegen Sie also eine optimistische Haltung, denn Optimisten leben länger, gesünder und vor allem glücklicher.

Tipps

1. Wenn Sie sich mit Optimismus schwertun, machen Sie eine einfache Übung: Die Lächelklammer. Stellen Sie sich vor, Ihr Kieferorthopäde hängt zwei Haken in Ihre beiden Mundwinkel, die durch ein Gummiband im Nacken verbunden sind und Ihre Wangen auseinanderziehen. Sie können nun gar nicht anders, Sie müssen lächeln, auch wenn Sie noch so missmutig sind. Sie müssen lächelnd durch die Straßen gehen, lächelnd Ihren Partner begrüßen und lächelnd mit Ihren Kunden reden.
   Blöde Übung. Der Kieferorthopäde kann mich mal. Ich lass mir doch nicht die Zähne regulieren und mein Lächeln schon gar nicht!
   Aber nach einiger Zeit mit der Lächelklammer erleben Sie Erstaunliches. Die meisten Menschen lächeln zurück, schwere Fälle ausgenommen. Und Ihre Laune bessert sich zusehends (liegt an der Verschaltung der Gesichtsmuskulatur mit dem limbischen System, dem Gefühlshirn). Bis Sie die Lächelklammer gar nicht mehr ablegen wollen.

2. Üben Sie, positiv zu denken, glauben Sie an das Leben und bauen Sie Ihren Partner auf. Wir sind nicht umsonst auf dieser Welt, unser Leben hat einen Sinn und unsere Beziehung erst recht. Vieles geht schief, damit wir daraus lernen, am Schluss kommen wir doch ans Ziel. Wenn Sie sich fürchten, halten Sie sich die Chancen vor Augen, dass am Ende Gutes entsteht.

3. Stellen Sie sich vor, Sie setzen eine rosarote Brille auf und sehen nur mehr das Schöne im Leben, blenden das Hässliche aus. Und wenn die Pessimisten zehnmal Recht behalten, durch die rosarote Brille sieht die Welt einfach schöner aus. Und ohne Brille erst! Da sehen alte Menschen die Falten der Partnerin nicht. Wozu auch, denn Schönheit liegt im Auge des Betrachters.

4. Üben Sie die positive Umdeutung. Was ist der Sinn des Problems? Wie lässt es sich lösen? Was können wir daraus lernen?

5. Hadern Sie nicht mit dem Schicksal, wenn etwas misslingt. Glauben Sie fest an Ihre Fähigkeit, alles zu schaffen, was das Leben an Herausforderungen stellt. Wenn Sie in einer Beziehungskrise stecken, seien Sie fest entschlossen, diese gemeinsam mit der Partnerin durchzustehen.

6. Haben Sie das positive Ziel im Auge und glauben Sie daran. Dann macht das Ungemach der Gegenwart nur mehr halb so viel Angst.

7. Wenn Sie in Jammerlaune sind, drehen Sie den Spieß um, und gehen das, was Sie ärgert, offensiv an. Wenn Sie spüren, was Sie alles gegen ein Problem unternehmen können, hebt das Ihr Selbstbewusstsein und Sie werden in der Achtung Ihres Partners steigen.

Ringen

Haben Sie schon mal einen guten Ringkampf gesehen? Stählerne Körper stemmen sich gegeneinander, Muskeln spannen sich an, Schweiß rinnt auf nackter Haut. Wenn's einen umhaut, wirft sich der andere auf ihn drauf. So viel Körperkontakt und so viel Spannung. Nicht viele Menschen kommen sich so nahe.

Egal ob Männer oder Frauen – ringende Menschen sind schön. Der Inbegriff der Körperlichkeit. Nicht umsonst sind Ringkämpfe zwischen Männern und Frauen nicht erlaubt. Offiziell, weil die Männer stärker sind, aber das ist gar nicht immer so sicher. Nein, ein Ringkampf zwischen Mann und Frau würde Assoziationen wecken, die mit Sport herzlich wenig zu tun haben, sondern mehr mit einschlägigen Filmen.

Liebe ist ein Ringen. Man umklammert sich, misst seine Kräfte, spürt Haut und Atem des andern, ist sich nahe. Wenn sich da im Schritt etwas regt, wen wundert's? Die Alten sahen Sexualität als Spiel von Mars und Venus, von aggressiver Kraft und verspielter Hingabe. Ein wilder, überlegener Kriegsgott legte Venus auf den Rücken, drang in sie ein und wurde doch von ihr dirigiert, hoffnungslos ihren Reizen verfallen. Nicht umsonst ist Liebe so rot wie Blut, heißt Orgasmus der kleine Tod.

Liebe braucht die Spannung des Ringens, miteinander und gegeneinander, körperlich, geistig und seelisch. Ohne Mars ist Liebe schal, ohne Venus schmeckt sie nach nichts. Darum ist liebloser Sex so fade, es geht um nichts und die Spannung fehlt. Wenn nicht, dann nicht, dann nimmt man halt jemand anderen. Wahlloser Sex hat die Bedeutung eines Butterbrots, bestenfalls mit Marmelade drauf. Kann man sich jederzeit streichen.

Liebe aber will mehr. Wenn der eine und nur der eine gemeint ist, durch keinen Vertreter ersetzbar, dann zieht sich die Spannung über Tage. Kommt man sich näher oder hüllt sich Venus in weitere Schleier? Bekommt man die Hüfte zu fassen oder nur das zarte Gewand? Willst du mich oder willst du mich nicht? Sieh mich schmachten vor deinen Füßen, anbeten deinen Liebreiz, mich verzehren nach der Glut, die du entfachst, verbrennen im Feuer, mit trockener Kehle sterben vor Durst, den nur dein Mund zu stillen vermag. Der mächtige Krieger sinkt in den Staub, erhebt sich erst von zarter Hand geführt. Dann endlich verschmelzen Glut und Wasser, brodelnd, dampfend, zu zartem Dunst, der Kühle spendet.

Manchmal hat Ringen einen schlechten Ruf. Es würde nur von Primitiven getan. Wut sei schlecht, Gott Mars ein böser Kumpan. Liebe müsse ätherisch sein, den Engeln gleich. Da geht man am besten gleich ins Kloster.

Mars lässt sich den Rufmord nicht gefallen. Kriegerisch tritt er in die Ehe ein, zeigt, was er vermag. Da wird gefochten, gehauen, gestochen, mit blutenden Wunden Mord geschrien. Wer Mars nicht versteht, ist schnell im Krieg und lernt das Handwerk des Tötens. Rufmord, Kindsmord, Seelentod, das Haus gebrandschatzt, Familien zerstört. Wer Mars zu seinem Verbündeten macht, der braucht nicht Hass und Tod. Der erkennt, dass Ringen zum Leben gehört. Dass ohne Ringen kein Leben entsteht. Dass Kräftemessen Kraft gebiert. Die Kraft von Mann und Frau.

Helga zerrt ihren Mann Jonas mit einem klaren Wunsch in die Partnertherapie: Er soll sich endlich seine Aggressionen abgewöhnen, sonst lässt sie sich scheiden. Jonas gibt zu, dass er heftig und laut werden kann, wenn es um etwas Wichtiges geht. Aber ist das nicht normal? „Gar nichts ist normal", antwortet Helga giftig und schon geht die Streiterei los. Der Therapeut erklärt, dass es verschiedene Aggressionsformen gibt, dass Jonas' Form das Gepolter, Helgas Form der Giftstachel ist. Und dass die beiden eine gemeinsame Konfliktkultur entwickeln müssten. In den nächsten Stunden lernt Jonas, seine Argumente sachlicher vorzubringen, Helga muss erkennen, dass ihre spitze Zunge auch ein Ausdruck von Wut ist. Punkt für Punkt werden nun die Streitthemen ausverhandelt, und das klappt ganz gut. Bis Jonas in einer Stresssituation wieder mal einen Wutanfall kriegt. „Es hat keinen Sinn, es ist aus zwischen uns", zieht Helga Resümee. „Erinnert Sie der Wutanfall an etwas?" Helga bricht in Tränen aus und erzählt von der maßlosen Aggression ihres Vaters, der die Mama verprügelte, und dass sie sich geschworen hatte, nie so einen Mann zu heiraten. Langsam lernt Helga, sich vor den Kämpfen mit ihrem Mann nicht mehr zu fürchten und sich von Konflikten nicht mehr bedroht zu fühlen.

Tipps

1. Seien Sie leidenschaftlich. Liebe braucht das Ringen, den ewigen Kampf von Mann und Frau, um Berühren und Entziehen, um Fangen und Gehaltenwerden. Wenn's um nichts geht, ist es auch nichts. Es geht um alles.

2. Genießen Sie jede Auseinandersetzung. Spüren Sie die Kraft im Widerspruch, die andere Meinung, den freien Willen, der Sie nicht zu schnell ins Lager sinken lässt. Wenn der Partner sich nicht ergibt, dann liebt er sich und Sie, schätzt beider Farben, die sich nicht zu schnell zu Grau vermischen. Was ist ein mit Spannung ersehnter Kuss gegen eine flüchtige, gedankenlose Pflichtübung?

3. Sehen Sie die Kämpfe der Ehe positiv. Liebe braucht Auseinandersetzung. Sie sind verheiratet, weil Sie schon gewonnen haben. Wenn von Millionen Samen nur einer gewinnt, von Millionen Männern nur einer erwählt wird, von Millionen Frauen nur eine die schönste ist, dann lebt man nicht wie Bruder und Schwester. Schon gar nicht wie Klosterbruder und Nonne.

4. Betrachten Sie Ihre Auseinandersetzungen als Spiel von Mars und Venus. Es ist das Vorspiel, die sizilianische Eröffnung. Löwinnen brüllen, wenn der Löwe kommt, rollige Katzen wecken ganze Dörfer auf. Die Energie des Streits kommt nicht aus der Sache, die wäre schnell zu lösen; sie kommt aus der Sehnsucht, den andern endlich, endlich zu spüren, weil es das Schönste ist und nicht der letzte Gang des immer gleichen Sonntagsessens. Dann ist Vereinigung ein Fest, auch noch nach zwanzig Jahren.

5. Verteufeln Sie Ihren Partner nicht, wenn er einmal emotional wird. Missverstehen Sie seine Emotion nicht als Lieblosigkeit, ganz im Gegenteil. Er kämpft um die Beziehung, weil Sie ihm wichtig sind.

6. Ziehen Sie sich nicht in den Schmollwinkel zurück, wenn eine Auseinandersetzung beginnt. Verweigern Sie sich nicht Ihrem Partner, wenn der etwas Wichtiges klären will. Legen Sie lieber Ihre Karten so lange auf den Tisch, bis Sie einen Konsens finden.

Kreativität

In den Geschlechterkriegen wird eines oft vergessen: Mann, Frau und Paar stehen nicht für sich allein, sie sind von Natur geschaffen, um Neues zu erzeugen. Wir sind nicht Inseln ohne Anhang, sondern schulden dem Leben einen Beitrag.

Beim Kinderkriegen ist es klar. Wir beide schaffen etwas Neues. Neues Leben wächst heran, an dem wir beide uns freuen. Doch hat das Leben viele Kinder, nicht nur die Menschenbabys. Als Paar können wir so vieles schaffen, was uns und die Natur bereichert. Wir leben, um schöpferisch zu sein. Wir sind beisammen, um Kreativität zu fördern. Bei Künstlern ist dies klar. Sie brauchen eine Muse, die sie zum Höchsten treibt, damit sie die Muse küsst. Doch stellen wir uns vor, wir seien alle Künstler, geboren um Werke in die Welt zu setzen. Die Kunst kann vieles sein: ein Kind formen, gutes Brot backen, Musik singen, Menschen heilen, Schlachten gewinnen, Ton brennen, Holz schneiden, Pläne zeichnen, Ordnung schaffen, Feuer löschen, Eisen schmieden, Hoffnung geben, Bücher schreiben, Apparate bauen.

Der Mensch hat Hirn und Hand und möchte beides nutzen. In allem Lernen sucht er die Gestalt, die ganz die eigene ist. Als Meister findet er die Form, die niemand sonst erfunden hat. Das braucht ein jeder, um sein Glück zu finden. Sein eigenes Werk, von eigener Hand geschaffen, dem eigenen Hirn entsprungen.

Hier kommt der Partner ins Spiel. Er ist kein Muss, er fördert Muße, die Gedanken freisetzt. Das ist der Sinn der Muse.

Tipps

1. Fördern Sie die Kreativität Ihres Partners und lassen Sie sich fördern.

2. Machen Sie von Zeit zu Zeit ein gemeinsames Brainstorming. Bei einem Glas Wein lassen Sie dem Geist freien Lauf. Ein Wort ergibt das andere, es entstehen Bilder einer Zukunft, die Sie erreichen wollen. Man könnte doch, man möchte gern, wie schön wäre das, was meinst denn du dazu?

3. Glauben Sie an das Potenzial Ihres Partners und machen Sie ihm Mut. Ich glaub an dich, Du glaubst an mich, dann glaub ich selber dran.

4. Freuen Sie sich über die Kreativität des Partners und schauen Sie ihm beim Wachsen zu.

5. Rivalisieren Sie nicht mit Ihrem Partner, wer kreativer ist; werten Sie seine Fähigkeiten nicht ab, um sich selbst zu erhöhen. Denn dann muss er auch Ihre Fähigkeiten schlechtmachen.

6. Hören Sie dem Partner interessiert zu, wenn er seine Pläne entwirft. Auch wenn sein Gebiet Ihnen fremd ist, versuchen Sie mitzudenken und die Qualität seiner Kunst zu erspüren.

7. Genießen Sie gemeinsame Projekte, vor allem die gemeinsamen Kinder. Alles, was Sie gemeinsam erschaffen, verbindet Sie.

Gelassenheit

Man muss nichts mehr beweisen. Alles ist durchkämpft. Die Ziele sind erreicht. Man ist jetzt, wer man ist. Man braucht sich nicht mehr anzustrengen. Wozu auch? Dass man den Erben Reichtum hinterlässt? Wer weiß, ob die das schätzen. Man will sich nicht mehr quälen. Was hat das Schuften denn gebracht? Schmerzen, Krankheit, Burnout, Verkrampfung, Unglück. Nein danke, der Rest meiner Tage soll schön sein.

Alte Menschen haben eine natürliche Selbstsicherheit. Man weiß, wer man ist. Man weiß, was man kann und was man erreicht hat. Man betrachtet mit Stolz die Sammlung der Fähigkeiten, die einen auszeichnen. Es treibt uns mit 60 nicht mehr die Angst, erfolglos zu bleiben. Das Curriculum Vitae ist lang. Auch die Liste der Orden und Auszeichnungen.

Im Alter fehlt der Plan. Statt Vorschriften, die einen hetzen, die Seele baumeln lassen, sich spüren und eins mit sich selbst sein. Der Partner kann uns nichts mehr vormachen, denn wir kennen ihn in- und auswendig. Er uns allerdings auch. Wir müssen ihn nicht mehr bekehren, sich zu entwickeln, ein besserer Mensch zu werden. Er soll endlich so werden wie ich – diesen Plan haben wir aufgegeben. Besser er bleibt, was er ist.

Gelassenheit ist der Charme der Großeltern. Die regen sich nicht mehr auf, wo Mama und Papa böse werden. Lassen eine Fünf gerade sein, lachen über den Streich des Enkels – der war doch wirklich kreativ, auch wenn der Lehrer schimpft.

Gelassenheit. Loslassen, was nicht mehr wichtig ist. Herschenken, was man nicht mehr braucht. Das viele Gerümpel auf dem Dachboden und im Keller, man kann das ja gar nicht mehr alles benutzen. Wenn Enkel, Neffen, Nachbarskinder etwas davon brauchbar finden, kann man sie glücklich machen. Das Leuchten in den Augen, wenn sie mit neuen Trophäen abziehen, ist unser wahrer Schatz.

So lange haben wir uns über des Partners Eigenheit geärgert. Uns schlussendlich daran gewöhnt. Warum etwas ändern, was man nicht ändern kann? Würde die Ehefrau nichts mehr sagen zu Ordnung und Sauberkeit, dann würde einem was fehlen. Würde sie den Schmutz nicht mehr sehen, dann wäre sie wohl krank.

Gemeinsam Kaffee trinken. Klatsch und Tratsch, Nachbarn und Verwandte ausrichten. Einkaufen, was der andere mag. Faul sein, jeder auf seiner Couch oder beide gemeinsam auf einer.

Ich will meinen Mann nicht mehr ändern, denn ich mag ihn, wie er ist. Mein Mann will mich nicht mehr ändern, denn er mag mich, wie ich bin.

Unsere Streitigkeiten gründen in Ängsten, bis zum Tod nicht zu schaffen, was uns wichtig ist. Darum kämpfen wir um den Platz an der Sonne, notfalls auch gegen den Partner. Doch schauen wir dem Tod ins Auge: Die Eltern sterben, dann Freunde, Bekannte. Das Sterben wird ein gewohnter Begleiter. Wir denken an das Danach, stellen uns das Jenseits vor und werden neugierig. Was erwartet uns dort? Man kann sich nichts mitnehmen als gute Gedanken. Das verändert die Prioritäten.

Die Nähe zum Tod lässt uns das Leben schätzen. Hoffentlich dürfen wir, was wir haben, noch eine Zeitlang behalten. Lieber genießen, als uns den Tag vergällen.

Gemeinsam auf der Terrasse sitzen, in die Abendsonne schauen. Dem Flug der Vögel folgen, sich über Schmetterlinge freuen. Gedanken nachhängen. Ideen austauschen und sich so vieles erzählen. Ist das nicht schöner als alles Streben der Welt?

Tipps

1. Vergessen Sie den Erfolgsdruck. Sie sind kein Nobelpreisträger, na und? Brauchen Sie das, um glücklich zu sein? Bedenken Sie, was Sie für einen Erfolg aufgeben müssten. Behalten Sie lieber, was Sie haben, genießen Sie die Dinge, die Ihnen wichtig sind.

2. Hadern Sie nicht mit dem Schicksal. Man hätte vieles werden können: Politiker, Professor, Firmenbesitzer. Aber wenn ich die Zeitung aufschlage, bin ich froh,

kein Politiker zu sein. Und wenn ich von den Intrigen an den Unis höre, gelüstet es mich nicht wirklich nach einer Professur. Und mit dem Konkurs im Nacken Tag und Nacht arbeiten – das haben wir doch alles nicht nötig.

3. Lass los. Der beste Rat, den man sich und seinem Partner geben kann. Was soll man sich über die Nachbarn aufregen? Kann man schon, aber man erntet schlechte Stimmung. Was soll man die Kinder kritisieren? Sie sind erwachsen und wählen selbst, wie sie leben. Sicher hätte man guten Rat, aber ist der auch gefragt? Wenn Sie etwas von uns wollen, dann kommen sie schon. Wenn sie nichts von uns brauchen, umso besser. Denn dann kommen sie gut zurecht.

4. Nimm mich doch endlich, wie ich bin. Wie oft ist dieser Satz der Kern unserer Streitigkeiten gewesen! Dabei ist es so leicht: Ich nehme dich mit allen deinen Eigenschaften, Stärken und Schwächen. Was soll ich mit einer Rose streiten, weil ihre Dornen stechen? Die Dornen verteidigen die Schönheit, und das ist gut so. Man kann sie einzeln ausreißen, um nicht mehr zerkratzt zu werden. Aber ist die Rose dann schön?

5. Vergessen Sie alle Ängste, die Sie ein Leben lang getrieben haben: Die Angst, nicht gut genug, reich genug, schön genug, klug genug zu sein. Im Alter wird klar, dass wir von allem hatten, genug, dass es für ein Leben reicht. Mehr Erleben ginge in achtzig Jahre gar nicht hinein, also wozu regen wir uns auf?

7. Verbannen Sie alles aus Ihrem Leben, was Sie nicht wirklich brauchen. Sie können sich keinen Porsche leisten – wozu auch, wenn man ab 130 km/h einen Strafzettel bekommt?

8. Die Positionen sind bezogen und man muss das Rad nicht neu erfinden. Wenn man miteinander das Stadium der Weisheit erreicht, ist das höchst angenehm. Man erspart sich Streitgespräche, denn die hat man längst geführt. Meine Frau schildert das so: „Manchmal führen wir unsere altvertrauten Diskussionen und kommen an den Punkt, wo wir früher gestritten hätten. Meine alten Reflexe sind noch da, mein Blutdruck steigt und ich muss ihm widersprechen. Dann denke ich mir: ‚Zahlt es sich aus, darüber zu streiten?' Und dann lasse ich es sein."

Teil IV: Der ultimative Beziehungstest

Wozu der ganze Tango?

Sie mögen keine psychologischen Tests? Sie finden, dass man Liebe nicht in Zahlen fassen kann? Recht haben Sie! Liebe ist unbeschreiblich, auch wenn über kein anderes Thema so viel geschrieben worden ist.

Sie müssen den ultimativen Liebestest nicht machen, wenn Sie ihn blöd finden. Sie werden vielleicht auch Widerstand dagegen empfinden, dass da Ihre Gefühle so schonungslos offengelegt werden. Das könnte negative Empfindungen aufwühlen und zu unangenehmen Diskussionen führen.

Wenn Sie mit Ihrer Beziehung zufrieden sind, brauchen Sie den Test wahrscheinlich gar nicht, er könnte Ihr Wohlbefinden gefährden.

Wenn Sie aber unglücklich sind, mitten in Streitigkeiten stecken, Tag und Nacht grübeln, ob Sie gehen oder bleiben sollen, dann ist es schon egal, dann … Ja, dann sollten Sie den Test nutzen, um sich darüber klar zu werden, was Ihrem Glück im Wege steht und wie Ihre Chancen sind, es vielleicht doch noch zu schaffen.

Schließlich müssen wir dauernd irgendwelche Umfragen über die blödsinnigsten Dinge ausfüllen, warum nicht einmal eine Viertelstunde verwenden, um das Wichtigste in unserem Leben anzukreuzen: das Glück in der Liebe!

Nach einer Viertelstunde haben Sie eine Bestandsaufnahme Ihrer Ehe. Wie geht es uns miteinander, wo geht es uns gut, was sind unsere Probleme? Dann wissen Sie auch, was Sie verändern und wie Sie Ihre Beziehung heilen können.

Sie machen den Test natürlich auf eigene Gefahr. Autor und Verlag können keine Haftung oder Gewähr für die Entscheidung übernehmen, die Sie schlussendlich treffen.

Testen Sie Ihre Beziehung

Manche grübeln jahrelang, ob sie sich scheiden lassen oder bleiben sollen. Mal steht das Barometer auf Ausziehen, dann versöhnt man sich wieder, dann kommt ein neuer Streit, und das Unglück nimmt seinen Lauf. Machen Sie es sich einfacher und testen Sie Ihre Beziehung.

Psychologen konstruieren Tests und Liebestests sind groß in Mode. Da wollen wir keine Ausnahme sein. Sie können dieses Buch als Testverfahren verwenden,

- um den Zustand Ihrer Partnerschaft zu beurteilen
- um besser entscheiden zu können, ob Sie gehen oder bleiben
- um verschiedene Beziehungen zu vergleichen (z.B. Partner und Liebhaber)
- um die Risiken Ihrer Beziehung zu erkennen
- um immer glücklicher zu werden

Bin ich mit meiner Partnerschaft zufrieden?

Die Liebe ist ein seltsames Spiel: unberechenbar, unlogisch, eine reine Gefühlssache eben. Für Entscheidungen brauchen wir aber Argumente und sachliche Gründe. Vor allem für so schwierige Dinge wie Scheidungen und Trennungen, die unser ganzes Leben bestimmen. Daher dieser Test.

Füllen Sie das folgende Testblatt aus, als Entscheidungshilfe, ob Sie bei Ihrem Partner bleiben, neu durchstarten oder sich einen anderen Partner suchen sollen.

Sie haben in Teil II die Schwächen, in Teil III die Stärken Ihrer Beziehung kennengelernt. Sie können bei jeder Stärke der Beziehung 0 bis 5 Pluspunkte vergeben, wenn diese auf Ihre Beziehung

0   gar nicht
1   selten
2   ein wenig
3   normal
4   stark
5   sehr stark

zutrifft.

Ebenso vergeben Sie 0 bis 5 Minuspunkte bei den Schwächen.

Wenn Ihnen ein Kapitel nicht wichtig ist, überspringen Sie es und vergeben 0 Punkte.

Bestimmen Sie die Auflösung selbst, indem Sie Minus- und Pluspunkte zusammenzählen und jeweils durch 16 dividieren. Zählen Sie dann die Unglückszahl von der Glückszahl ab und erhalten so die Beziehungszahl, die den Zustand Ihrer Partnerschaft charakterisiert.

Konstruieren Sie Ihren eigenen Test:
Wenn Ihnen Punkte wichtig sind, die in diesem Buch nicht aufscheinen, fügen Sie eigene Stärken oder Schwächen zu Ihrer persönlichen Liste dazu und vergeben Sie auch dafür Minus- und Pluspunkte. Jede Kategorie, die Sie mit 0 bewertet haben, können Sie durch eine eigene Kategorie ersetzen.

Das ultimative Liebes-Testblatt

Minuspunkte

Schwächen	0	-1	-2	-3	-4	-5
Verletzungen	0	-1	-2	-3	-4	-5
Fixe Vorstellungen	0	-1	-2	-3	-4	-5
Unerfüllte Erwartungen	0	-1	-2	-3	-4	-5
Schulden	0	-1	-2	-3	-4	-5
Alter	0	-1	-2	-3	-4	-5
Erfolgsdruck	0	-1	-2	-3	-4	-5
Konkurrenz	0	-1	-2	-3	-4	-5
Eifersucht	0	-1	-2	-3	-4	-5
Sexuelle Probleme	0	-1	-2	-3	-4	-5
Zwang	0	-1	-2	-3	-4	-5
Ambivalenz	0	-1	-2	-3	-4	-5
Verbitterung	0	-1	-2	-3	-4	-5
Ignoranz	0	-1	-2	-3	-4	-5
Abhängigkeit	0	-1	-2	-3	-4	-5
Unfruchtbarkeit	0	-1	-2	-3	-4	-5
Schwäche X …	0	-1	-2	-3	-4	-5
…	0	-1	-2	-3	-4	-5
…	0	-1	-2	-3	-4	-5

Summe Minuspunkte:
Unglückszahl (Minuspunkte dividiert durch 16):

Pluspunkte

Zusammensein	0	1	2	3	4	5
Entwicklung	0	1	2	3	4	5
Sinnlichkeit	0	1	2	3	4	5
Ergänzung	0	1	2	3	4	5
Geheimnisse	0	1	2	3	4	5
Vertrautheit	0	1	2	3	4	5
Austausch	0	1	2	3	4	5
Ähnlichkeit	0	1	2	3	4	5
Kinder	0	1	2	3	4	5
Freiräume	0	1	2	3	4	5
Verzeihen	0	1	2	3	4	5
Erinnerungen	0	1	2	3	4	5
Optimismus	0	1	2	3	4	5
Ringen	0	1	2	3	4	5
Kreativität	0	1	2	3	4	5
Gelassenheit	0	1	2	3	4	5
Stärke X …	0	1	2	3	4	5
…	0	1	2	3	4	5
…	0	1	2	3	4	5

Summe Pluspunkte:
Glückszahl (Pluspunkte dividiert durch 16):

Beziehungszahl (Glücks- abzüglich Unglückszahl):

Auswertung

Wenn die Beziehungszahl ein Plus ergibt, ist Ihre Beziehung lebbar.

Wenn Ihre Beziehungszahl ein Minus ergibt, werden Sie überlegen, ob Sie sich trennen oder an der Beziehung arbeiten wollen.

Die folgende Auswertung legt keineswegs fest, was Sie tun sollen. Es gibt keine Norm, denn Sie selbst sind die Norm. Ihre Gefühle geben den Ausschlag, ob Sie zufrieden sind. Jede Beziehung hat ihre eigene Qualität, und so entscheidet Ihr Herz, ob Sie bleiben oder gehen.

Beziehungszahl 0 bis 1: lebbare Beziehung

Was tun Sie, wenn Ihre Beziehung nur geringfügig im Plus ist? Dann werden Sie wahrscheinlich ins Grübeln kommen oder die Bestätigung finden, warum Sie schon lange unsicher sind. Dann sind die einzelnen Punkte eine Entscheidungshilfe, damit Ihnen klar wird, was Sie wollen und was Sie verbessern müssen.

Beziehungszahl 1 bis 3: normale Beziehung

Die meisten Paare, die mit ihrer Beziehung zufrieden sind, erreichen Werte zwischen 1 und 3. Es ist nicht alles in Butter, aber die Beziehung hat so viel Positives, dass Sie bleiben wollen.

Beziehungszahl 3 bis 5: siebter Himmel

Solche Beziehungen sind sehr selten, denn dass alles stimmt und nichts zu kritisieren ist, ist unwahrscheinlich. Wenn Sie also eine 4 erreichen, dann sind Sie ein Glückspilz. Rechnen Sie aber nicht damit, dass dies ewig so bleibt. Streben Sie auch nicht eine solch perfekte Beziehung an, denn das macht nur Stress. Dieser Glückszustand ist nur in den guten Phasen der Beziehung erreichbar.

Beziehungszahl 0 bis -5: Unzufriedenheit

Wenn Ihre Beziehungszahl einen negativen Wert aufweist, ist Ihre Beziehung in Gefahr. Sie sind vielleicht gerade in einer schlechten Phase, müssen dringend aufeinander eingehen und an der Beziehung arbeiten. Gehen Sie einzelne Punkte miteinander an, um Verbesserungen zu erzielen. Mit einer Partnertherapie könnten Sie die Beziehung noch retten, wenn dies beide wollen.

Je tiefer der Minuswert ist, desto höher das Scheidungsrisiko.

Ob und bei welchem negativen Wert Sie sich scheiden lassen wollen, ist letztlich Ihre ganz persönliche Entscheidung. Der Test spricht daher auch keine Scheidungsempfehlung aus, kann aber helfen, dass Sie sich klarer darüber werden, was Sie wollen, und dass auch Ihrem Partner deutlich wird, dass sich etwas ändern muss.

Sprechen Sie mit einem Psychologen oder Paartherapeuten über Ihr Testergebnis, wenn Sie sich unsicher sind. Treffen Sie niemals allein auf Grund dieses Testes eine Entscheidung für die Scheidung. Nur nach einem Gespräch mit dem Autor und mit dessen psychologischer Expertise darf das Testergebnis als Argument in eventuellen Scheidungsverhandlungen verwendet werden.

Haben wir eine Zukunft?

Viele Paare spüren, dass etwas nicht stimmt, zögern aber die Entscheidung hinaus, da sie sich nicht sicher sind, was die Zukunft bringen wird. Vielleicht geht es uns in drei Jahren wieder besser, wenn wir aus dem Gröbsten raus sind? Vielleicht sind wir ja nur in der berühmten Krise, die bekanntlich jedes Paar einmal erwischt? Wir haben uns geschworen, in guten und in schlechten Zeiten zusammenzuhalten, da gibt man nicht gleich auf, wenn es einmal schwierig ist.

Das ist richtig überlegt. Die meisten alten Paare haben Krisen überstanden, in denen ihre Beziehungszahl im Minus war. Dann änderten sie vieles, lösten ihre Probleme und kamen wieder ins Plus. Nachher redet es sich leicht. Aber mitten in der Krise, wenn man ausziehen will, was soll man da tun? Wer garantiert mir, dass es in drei Jahren besser sein wird? Vielleicht wird es noch katastrophaler?

Sie können das Risiko Ihrer Beziehung mit dem Veränderungstest abschätzen. Damit erfassen Sie Ihre subjektive Einschätzung, ob sich die Beziehung verbessern oder verschlechtern wird. Wenn dies beide Partner tun, erhalten Sie eine Prognose, die in der Regel auch eintrifft.

Sie können für jede Schwäche Veränderungspunkte vergeben, und zwar für die Chance, dass sich eine negative Eigenschaft in eine positive verändern lässt oder noch schlimmer wird.

-5 Unerträglichkeit
-4 Scheidungsgrund
-3 Starke Verschlechterung
-2 Verschlechterung
-1 Leichte Verschlechterung
 0 Keine Verbesserung möglich
 1 Leichte Verbesserung
 2 Deutliche Verbesserung
 3 Negative Eigenschaft hört auf
 4 Negative Eigenschaft wird zu einer positiven
 5 Aus Pech wird reines Glück

Ebenso vergeben Sie Risikopunkte für die Gefahr, dass aus Glück Pech wird oder die Chance, dass das Glück sich noch steigert, z.B. dass Ihre Verliebtheit

-5 zu Hass wird
-4 stirbt
-3 stark abnimmt
-2 abnimmt
-1 leicht abnimmt
 0 bleibt, wie sie ist
 1 leicht zunimmt
 2 zunimmt
 3 stark zunimmt
 4 eine tiefe Liebe wird
 5 der siebte Himmel wird

Veränderungspunkte

Schwächen	-5	-4	-3	-2	-1	0	1	2	3	4	5
Verletzungen	-5	-4	-3	-2	-1	0	1	2	3	4	5
Fixe Vorstellungen	-5	-4	-3	-2	-1	0	1	2	3	4	5
Unerfüllte Erwartungen	-5	-4	-3	-2	-1	0	1	2	3	4	5
Schulden	-5	-4	-3	-2	-1	0	1	2	3	4	5
Alter	-5	-4	-3	-2	-1	0	1	2	3	4	5
Erfolgsdruck	-5	-4	-3	-2	-1	0	1	2	3	4	5
Konkurrenz	-5	-4	-3	-2	-1	0	1	2	3	4	5
Eifersucht	-5	-4	-3	-2	-1	0	1	2	3	4	5
Sexuelle Probleme	-5	-4	-3	-2	-1	0	1	2	3	4	5
Zwang	-5	-4	-3	-2	-1	0	1	2	3	4	5
Ambivalenz	-5	-4	-3	-2	-1	0	1	2	3	4	5
Verbitterung	-5	-4	-3	-2	-1	0	1	2	3	4	5
Ignoranz	-5	-4	-3	-2	-1	0	1	2	3	4	5
Abhängigkeit	-5	-4	-3	-2	-1	0	1	2	3	4	5
Unfruchtbarkeit	-5	-4	-3	-2	-1	0	1	2	3	4	5
Schwäche X	-5	-4	-3	-2	-1	0	1	2	3	4	5
…	-5	-4	-3	-2	-1	0	1	2	3	4	5
…	-5	-4	-3	-2	-1	0	1	2	3	4	5

Summe Veränderungspunkte:
Veränderungszahl (Punkte dividiert durch 16):

Risikopunkte

Zusammensein	-5	-4	-3	-2	-1	0	1	2	3	4	5
Entwicklung	-5	-4	-3	-2	-1	0	1	2	3	4	5
Sinnlichkeit	-5	-4	-3	-2	-1	0	1	2	3	4	5
Ergänzung	-5	-4	-3	-2	-1	0	1	2	3	4	5
Geheimnisse	-5	-4	-3	-2	-1	0	1	2	3	4	5
Vertrautheit	-5	-4	-3	-2	-1	0	1	2	3	4	5
Austausch	-5	-4	-3	-2	-1	0	1	2	3	4	5
Ähnlichkeit	-5	-4	-3	-2	-1	0	1	2	3	4	5
Kinder	-5	-4	-3	-2	-1	0	1	2	3	4	5
Freiräume	-5	-4	-3	-2	-1	0	1	2	3	4	5
Verzeihen	-5	-4	-3	-2	-1	0	1	2	3	4	5
Erinnerungen	-5	-4	-3	-2	-1	0	1	2	3	4	5
Optimismus	-5	-4	-3	-2	-1	0	1	2	3	4	5
Kreativität	-5	-4	-3	-2	-1	0	1	2	3	4	5
Gelassenheit	-5	-4	-3	-2	-1	0	1	2	3	4	5
Stärke X	-5	-4	-3	-2	-1	0	1	2	3	4	5
…	-5	-4	-3	-2	-1	0	1	2	3	4	5
…	-5	-4	-3	-2	-1	0	1	2	3	4	5

Summe Risikopunkte:
Risikozahl (Punkte dividiert durch 16):

Zukunftszahl (Veränderungs- plus Risikozahl):

Wenn Ihre Zukunftszahl ein Plus ergibt, können Sie auf eine Verbesserung der Beziehung hoffen. Zählen Sie die Zukunftszahl zur Beziehungszahl dazu, dann wissen Sie, wo Sie in einigen Jahren stehen werden, ob Ihre Beziehung gleich bleiben, sich verbessern oder verschlechtern wird.

1. Beispiel:
Ihre Beziehungszahl ist 1. Damit sind Sie nicht ganz zufrieden. Sie arbeiten aber an Ihrer Partnerschaft, reden viel miteinander. Deswegen ist Ihre Zukunftszahl ebenfalls 1. Ihre zukünftige Beziehungszahl ist daher 2. Sie haben eine ganz normale Beziehung mit guten Wachstumschancen.

2. Beispiel:
Ihre Beziehungszahl ist -1, Ihre Zukunftszahl 2, da Sie eine Partnertherapie begonnen haben. Ihre zukünftige Beziehungszahl ist 1, es zahlt sich also aus, die Partnertherapie fortzusetzen.

3. Beispiel:
Ihre Beziehungszahl ist -1, Ihr Partner verweigert alle Diskussionen. Daher ist die Zukunftszahl -2. Ihre zukünftige Beziehungszahl ergibt -3. Das wollen Sie sich gar nicht mehr antun und reichen gleich die Scheidung ein.

Sie können den Partnertest auch machen, wenn Sie frisch verliebt sind und überlegen, ob Sie bei Ihrem Geliebten bleiben und sich ganz einlassen wollen. Sie wissen aber, dass man als Verliebter alles durch die rosarote Brille sieht und dass die Realität der Beziehung schwieriger wird, wenn man zusammenzieht. Wie sollen Sie sich also entscheiden?

4. Beispiel:
Ihre Beziehungszahl ist 3, Ihre Zukunftszahl -1. Ihre zukünftige Beziehungszahl ist 2, das ist immer noch gut. Sie können beruhigt in dieser Beziehung bleiben.

Partner oder Liebhaber?

Moralapostel hören es nicht gern, Ehepartner fürchten sich davor. Dennoch passieren Seitensprünge. Bei viele älteren Paaren hat einer der beiden eine Außenbeziehung. Diese lässt sich irgendwann nicht mehr verheimlichen, der Partner fordert dann meist eine Entscheidung – er (sie) oder ich. Entweder du beendest den Seitensprung oder du bist mich los.

Der Untreue weiß, dass er sich entscheiden muss, und grübelt hin und her. Welcher Partner macht mich glücklicher? Was verliere ich, wenn ich einen der beiden Partner aufgebe? In dieser Situation kann der Beziehungstest als Partnervergleich verwendet werden.

Machen Sie den Partnertest zuerst für Ihre bestehende Partnerschaft. Ihren „alten" Partner kennen Sie nämlich am besten und können daher leicht beurteilen, ob die Kriterien zutreffen.

Check Partner 1: langjähriger oder erster Partner
Check Partner 2: neuer Partner
Differenz: Wer verspricht mehr Positives?

Wenn beide Partner knapp beieinander liegen, ist es meist vernünftiger, beim Ehepartner zu bleiben, um nicht in kurzer Zeit vom Regen in die Traufe zu kommen. Wenn einer der beiden Partner den anderen haushoch schlägt, wird Ihre Entscheidung klar sein. Wieder ist es aber Ihre ganz persönliche Entscheidung, für die Sie sich lieber mehr als wenig Zeit nehmen sollten.

Bedenken Sie auch, dass in der Verliebtheit der Geliebte (die Geliebte) positiver erscheint, als er (sie) nach fünf Jahren Ehe sein wird. Passen Sie auf, dass Sie nicht Äpfel und Birnen miteinander vergleichen, und überlegen Sie, wie der Vergleich in fünf Jahren aussehen würde.

Wenn Sie mit beiden Partnern den Zukunftstest machen, können Sie die zukünftigen Beziehungszahlen vergleichen und erhalten so eine zusätzliche Entscheidungsgrundlage.

Beispiel:
Partner 1 hat eine Beziehungszahl von 1 und eine Zukunftszahl von 0. Die Beziehung ist lebbar, wird sich aber nicht mehr groß entwickeln. Partner 2 hat eine Beziehungszahl von 4 und eine Zukunftszahl von -2. Sie sind sehr verliebt in ihn. Im direkten Vergleich schlägt er Partner 1 (4 zu 1). Auch in der zukünftigen Beziehungszahl wird er Partner 1 überlegen sein (2 zu 1).

Was ist mir wirklich wichtig?

Wenn der Test ein eindeutiges Ergebnis bringt, wissen Sie meist ohnehin, was zu tun ist. Schwierig wird es, wenn Ihre Beziehungszahl einen Wert um den Nullpunkt, irgendwo zwischen -1 und 1 ergibt. Dann ist man sich unsicher, bleibt in der Beziehung und ist doch nicht glücklich. Auch der Partnervergleich führt manchmal zu einem sehr knappen Ergebnis. Bei beiden Partnern ist die Beziehungszahl im Plus und man weiß wieder nicht, wie man sich entscheiden soll. In solchen Fällen empfiehlt sich die qualitative Gewichtung.

Ihre Partnerschaft hat zwar viele Bereiche, aber nicht alle sind Ihnen gleich wichtig. Manche Schwächen können Sie übersehen, mit manchen Nachteilen können Sie leben. Aber einige Punkte treiben Sie in die Raserei.

Ebenso sind viele Stärken eine nette Sache, einige aber unumgänglich, damit Sie in der Beziehung bleiben können. Nehmen Sie daher die fünf wichtigsten Stärken und Schwächen und die dazugehörigen Plus- und Minuspunkte aus dem Liebes-Testblatt und tragen Sie diese in die folgende Liste ein:

Stärke 1	0	1	2	3	4	5
Stärke 2	0	1	2	3	4	5
Stärke 3	0	1	2	3	4	5
Stärke 4	0	1	2	3	4	5
Stärke 5	0	1	2	3	4	5

Summe:
Qualitative Pluszahl (Summe dividiert durch 5):

Schwäche 1	0	-1	-2	-3	-4	-5
Schwäche 2	0	-1	-2	-3	-4	-5
Schwäche 3	0	-1	-2	-3	-4	-5
Schwäche 4	0	-1	-2	-3	-4	-5
Schwäche 5	0	-1	-2	-3	-4	-5

Summe:
Qualitative Minuszahl (Summe dividiert durch 5):
Qualitative Beziehungszahl (Plus- abzüglich Minuszahl):

Letzte Entscheidung

Wenn Sie nach der quantitativen und der qualitativen Auswertung immer noch nicht wissen, was Sie tun sollen, nehmen Sie die drei wichtigsten Werte (gleich ob Plus oder Minus) und zählen sie zusammen. Auch hier erhalten Sie einen Plus- oder Minuswert.

Beispiel:

Stärke 1	4
Stärke 2	3
Schwäche 3	-5
Entscheidungszahl	2

Treffen Sie eine Entscheidung

Nun haben Sie genug Werte in der Hand, um Ihre Entscheidung für oder gegen den Partner zu treffen. Jede Beziehung braucht Entscheidungen. Die Hochzeit hat Ihnen Halt und Sicherheit gegeben. Wenn Sie in den letzten Jahren ins Zweifeln gekommen sind, dann muss die Entscheidung bekräftigt oder neu getroffen werden. Ihre Ehe ist zu wichtig, als dass Sie einfach so dahinleben können. Sie haben ein Recht auf Glück. Sie müssen aber auch etwas dafür tun. Entweder die bestehende Beziehung verbessern oder eine neue beginnen.

Auch keine Entscheidung zu treffen, ist eine Entscheidung, aber eine schlechte. Weiter zwischen Frau und Freundin zerrissen zu sein, macht es für alle Beteiligten sehr anstrengend. Weiter mangels Alternative unglücklich zu sein, ohne Chance auf Besserung, das geht auf Dauer nicht gut.

Auswertungsübersicht:

Beziehungszahl (oder zukünftige Beziehungszahl):
Qualitative Beziehungszahl:
Entscheidungszahl:

Schauen Sie sich Ihre drei Werte an. Diese weisen oft alle in die gleiche Richtung (Plus oder Minus), dann fällt die Entscheidung leicht.

Beispiel :
Beziehungszahl: 1
Qualitative Beziehungszahl: 2
Letzte Entscheidung: 3
Jetzt haben Sie einen klaren Fall: Bleiben Sie bei Ihrem Partner und arbeiten Sie weiter an Ihrer Beziehung.
Wenn Sie drei Minuswerte haben, steht der Scheidungsgedanke im Raum.

Manchmal ist es auf Messers Schneide. Dann weisen die drei Werte in verschiedene Richtungen. Was dann?

Schwierig wird es bei folgenden Ergebnissen:
Beziehungszahl: Minus
Qualitative Beziehungszahl: Plus
Letzte Entscheidung: Plus
oder
Beziehungszahl: Plus
Qualitative Beziehungszahl: Minus
Letzte Entscheidung: Plus
Aber es steht immer noch zwei Plus zu einem Minus, also werden Sie wahrscheinlich bleiben.
Bei zwei Minus zu einem Plus schaut es schlecht für Ihre Beziehung aus.

Was aber machen Sie bei … ?
Beziehungszahl: Minus
Qualitative Beziehungszahl: Minus
Letzte Entscheidung: Plus
Solche Beziehungen bleiben trotz vieler Schwierigkeiten oft bestehen. Wenn die drei wichtigsten Punkte in einer Beziehung erfüllt werden, dann gleicht das oft die vielen Schwierigkeiten aus.

Das Kriterium sind Sie selbst. Es gibt keine allgemeinen Normen, wann und wie Partnerschaft gelebt werden soll. Dieser Test soll Ihnen aber bei der Entscheidung helfen. Es kann sein, dass Sie nach der Auswertung besser wissen, was Sie wollen oder auch mit dem zufrieden sind, was Sie bereits haben.

Warum bist du so unglücklich? Es passt doch alles!

In vielen Ehen ist einer unglücklich, der andere findet alles in Ordnung. Die Ehefrau will sich scheiden lassen, der Mann fällt aus allen Wolken. Was hat sie denn auf einmal? Wir führen doch eine super Ehe! Warum macht sie alles schlecht, was wir uns aufgebaut haben? Daher versucht der Mann, seiner Frau die Probleme auszureden. Das hilft aber nichts. Besser ist es, sich den Problemen zu stellen.

Machen Sie beide den Beziehungstest und vergleichen Sie die Beziehungszahlen. Zählen Sie beide Zahlen zusammen.

Beispiel:
Mann: 2
Frau: -1
Beziehungsunterschied: 3 Punkte
Sie erleben Ihre Beziehung sehr unterschiedlich. Nun sollten Sie im Detail herausfinden, warum dies so ist. Erheben Sie Ihre Unterschiedszahl. Tragen Sie die Werte beider Partnertests in die untenstehende Tabelle ein.

Unterschiedszahl

Die Unterschiedszahl dient dazu, die verschiedene Problemwahrnehmung beider Partner deutlich zu machen. Was für Sie ein Problem ist, ist für Ihren Partner vielleicht gar keins. Umgekehrt ist Ihrem Partner völlig neu, was Sie stört.

Es ist normal, dass Mann und Frau die Beziehung verschieden wahrnehmen. Der glücklichere Partner hat es sich gut gerichtet, der unglückliche fühlt sich übervorteilt. Deshalb ist ein Ausgleich nötig. Wenn der Glückliche auf den Unglücklichen eingeht, stehen eine Zeitlang dessen Probleme im Vordergrund. Wenn sich die Unzufriedenheit des Unglücklichen vermindert, wird die Unterschiedszahl kleiner und das Paar kommt auf eine gleiche Ebene.

Machen Sie Ihren Test, ohne dass Ihr Partner zusieht, und lassen Sie auch den Partner unbeeinflusst seinen Beziehungstest machen. Vergleichen Sie dann Ihre Punkte mit denen, die Ihr Partner bei den einzelnen Kapiteln vergeben hat.

Ermitteln Sie die Differenz zwischen Ihren und seinen Werten, um draufzukommen, wo sie aufeinander zugehen können.

Summierte Differenz der 16 Stärken und 16 Schwächen

	Mann	Frau	Differenz
Schwächen Verletzungen Fixe Vorstellungen Unerfüllte Erwartungen Schulden Alter Erfolgsdruck Konkurrenz Eifersucht Sexuelle Probleme Zwang Ambivalenz Verbitterung Ignoranz Abhängigkeit Unfruchtbarkeit			
Zusammensein Entwicklung Sinnlichkeit Ergänzung Geheimnisse Vertrautheit Austausch Ähnlichkeit Kinder Freiräume Verzeihen Erinnerungen Optimismus Ringen Kreativität Gelassenheit			
Unterschiedszahl (Summe der Differenzen der Schwächen und Stärken):			

Beispiel Tom und Sahra:
Sahra vergibt bei „Verletzungen" 5 Minuspunkte, weil sie Tom ganz viele seiner schlechten Taten nicht verzeihen kann. Tom vergibt null Minuspunkte, weil er findet, dass Sahra maßlos übertreibt und man die Vergangenheit doch endlich gut sein lassen sollte. Die unterschiedliche Sichtweise der beiden über vergangene Verletzungen liegt also beim Maximum von 5 Punkten.

Hingegen vergibt Tom bei „Sinnlichkeit" 4 Punkte, Sahra drei. Hier liegen sie nur einen Punkt auseinander, weil für beide Sinnlichkeit wichtig ist, für Sahra könnte es allerdings ein bisschen mehr sein.

Jetzt zählen die beiden die Unterschiedspunkte zusammen: 5+1 ergibt bisher 6 Unterschiedspunkte. Wenn sie dies bei allen Werten machen, erhalten sie ihre Unterschiedszahl. Bei 160 möglichen Unterschiedspunkten ergibt eine Unterschiedszahl von 40 eine 25%ige Unterschiedlichkeit – aber auch 75 % Gemeinsamkeit.

Dabei taucht Folgendes auf: Wenn beide gleich unglücklich sind und gleich viele Minuspunkte vergeben, haben Sie eine Gemeinsamkeit von 90 %! Dann ist das Unglück die Gemeinsamkeit, die ein Paar aneinanderkettet.

Werte mit hoher Differenz zeigen Probleme Ihrer Partnerschaft auf. Um die sollten Sie sich unbedingt kümmern (siehe Teil V).

Glücksdifferenz

Ihre Glückszahl aus dem ersten Test zeigt, wie zufrieden Sie mit Ihrer Partnerschaft sind. Wenn Ihre Glückszahl hoch ist, dann können Sie viele Schwächen Ihres Partners in Kauf nehmen. Ziehen Sie Ihre Glückszahl von derjenigen Ihres Partners ab, und Sie erhalten die Glücksdifferenz zwischen Ihnen und Ihrem Partner. Wenn die Glücksdifferenz groß ist, sollte sich der glücklichere Partner dringend um den weniger glücklichen kümmern und auf dessen Bedürfnisse eingehen, damit dieser nicht eines Tages davonläuft.

Beispiel:
Mann: Glückszahl 3
Frau: Glückszahl 1
Glücksdifferenz: 2
Der Mann sollte sich dringend um seine Frau bemühen und sie nach ihren Wünschen fragen.

Unglücksdifferenz

Wenn Ihre Unglückszahl aus dem ersten Test sehr hoch ist, denken Sie vielleicht schon über eine Trennung nach. Meist ist einer der Partner unglücklicher. Wenn Sie die Unglückszahl von der Ihres Partners abziehen, ist die Unglücksdifferenz dann groß. Das Paar sollte gemeinsam diskutieren, welche Minuspunkte minimiert werden können.

Beispiel:
Frau: Unglückszahl -3
Mann: Unglückszahl 0
Unglücksdifferenz: 3
Der Mann sollte den Vorschlag einer Partnertherapie unbedingt annehmen, wenn er seine Ehe retten will.

Verbesserungspotenzial

Nehmen Sie den Mittelwert der beiden Zukunftzahlen von sich und Ihrem Partner (Wert Mann plus Wert Frau, dividiert durch 2). Der Mittelwert Ihrer beiden Zukunftsschätzungen zeigt das reale Verbesserungspotenzial Ihrer Partnerschaft, denn es ändert sich nur dann etwas, wenn beide mitarbeiten.

Beispiel:
Mann: Zukunftszahl 1
Frau: Zukunftszahl 3
Verbesserungspotenzial der Beziehung: 2
Geben Sie Ihrer Beziehung eine Chance und nutzen Sie alle Möglichkeiten von Teil V.

Teil V: Heilen Sie Ihre Beziehung

Die Liebe in die Hand nehmen

Ihr Liebesleben zu verändern ist gar nicht so schwer. Nehmen Sie die drei wichtigsten Punkte auf Ihrer Liste und stellen Sie sich vor, Sie könnten jeden dieser Punkte um einen Wert verbessern.

Nehmen wir an, das Wichtigste sind Ihnen die Kinder, die Sinnlichkeit und der Freiraum. Leider ergibt Ihr Partnertest nur folgende Werte: Kinder 1, Sinnlichkeit 2 und Freiraum 0. Das ist Ihnen einfach zu wenig, um glücklich zu sein. Aber mit einem Ergebnis Kinder 3, Sinnlichkeit 3 und Freiraum 2 wären Sie mehr als zufrieden. Sie brauchen also eine Steigerung um 5 Pluspunkte (+2, +1, +2), um Ihre Beziehung zu retten. Das hätte den Vorteil, dass Sie keineswegs Ihren Partner zum Teufel schicken und all das aufgeben müssten, was Sie sich gemeinsam aufgebaut haben.

Sie nehmen sich vor, binnen eines Jahres den Zielwert (Kind 3, Sinnlichkeit 3, Freiraum 2) zu erreichen. Sie beginnen mit dem einfachsten Ziel, auf das Sie sich mit Ihrem Partner einigen können. Nehmen wir an, das ist der Freiraum. Sie überlegen, was Ihnen das Gefühl von Freiraum gibt:
Ein eigenes Zimmer
Zeit für sich allein
Ein Abend mit Freunden ohne Partner
Ein eigenes Hobby
Weniger Vorschriften im Haushalt
Die eigene Karriere

Sie legen diese Liste Ihrem Partner vor und schauen, worauf Sie sich am ehesten einigen können. Vielleicht nicht über den Haushalt, weil Sie schon bis aufs Blut über die Ordnung streiten und Ihr Partner da nicht über seinen Schatten springen kann. Je länger Sie also gegen seine Vorschriften rebellieren, desto unfreier fühlen Sie sich.

Ein eigenes Hobby, Zeit für sich, alleine ausgehen, das ist für Ihren Partner kein Problem, im Gegenteil, das wünscht er sich auch. Also einigen Sie sich auf Regeln, wie jeder zu zeitlichen Freiräumen kommt – schon haben Sie mehr Luft und können auch den zwanghaften Ordnungssinn Ihres Partners leichter ertragen. Ihr Freiraumwert hat sich in wenigen Wochen von 0 auf 2 verbessert. Mehr brauchen

Sie gar nicht, denn ein Freiraum von 5 (Chaos und Unverbindlichkeit) würde Ihnen selbst Angst machen.

Ein Drittel des Weges ist geschafft. Jetzt nehmen Sie sich das zweitleichteste Ziel vor. Nehmen wir an, das sind die Kinder, da sind Sie mehr als unzufrieden mit einem Wert von 1. Nehmen wir an, Sie haben ein Kind, Ihr Partner hat keins, will auch keins und lehnt sein Stiefkind ab. Ein Kind ist besser als kein Kind (1), aber der Rest ist Scheiße. Sie hätten gern zwei Kinder, und die sollten auch einen Vater haben, der sich engagiert.

Wieder machen Sie Ihre Wunschliste, was Kinderglück für Sie bedeutet:
Sie werden schwanger.
Ihr Lebenspartner kümmert sich um sein Stiefkind.
Ihr Lebenspartner wertet sein Stiefkind nicht mehr ab.
Ihr Lebenspartner liebt sein Stiefkind.
Ihr Lebenspartner will die Schwangerschaft.

Ihr Partner will Sie nicht verlieren und erklärt sich bereit, hie und da auf seinen Stiefsohn aufzupassen. Er bekommt langsam eine Beziehung zu ihm und hört auf, ihn zu kritisieren. Er will eigentlich keine Kinder, irgendwie aber doch. Er ist nicht mehr gegen eine Schwangerschaft, droht aber nach wie vor, sich um die Erziehung der Kinder nicht zu kümmern.

Jetzt sind Sie schon sehr viel weiter. Sie bekommen die zwei Kinder, die sie haben wollten und Ihr Partner verhält sich zumindest neutral. Keine ideale Familie, aber genau genommen der statistische Normalfall (eindeutig Wert 3). Und wer weiß, vielleicht wächst der Partner ja noch in seine Vaterrolle hinein. Und Wert 5 haben Sie nie verlangt (sieben Kinder und der Vater macht Ihnen die Mutterrolle streitig – nein danke!).

Bleibt der heikelste Punkt: Sinnlichkeit von 1 auf 3! Eine Steigerung Ihres Sexlebens um 200 %. Das ist wohl nicht zu schaffen. Also probieren wir's gar nicht. Probieren Sie es trotzdem.

Machen Sie beide Ihre Wunschliste:

Sie:
Jeden Tag kuscheln.
Romantik, Kerzen, Rotwein.
10-mal am Tag „Ich liebe dich"
Klitoraler Orgasmus.

Er:
Jeden Tag Sex, heftig und aufregend.
Nicht alles zerreden.
Viel berühren, umarmen.
Analverkehr.

Jetzt vergleichen Sie die Listen und bauen „Brücken". Wo können sich zwei Wünsche treffen? Umarmen und kuscheln ist Ihnen beiden wichtig, das ist ein guter Anfang. Beim Sex hingegen gehen die Vorstellungen auseinander. Analverkehr mag sie gar nicht, Cunnilingus schon. Der ist auch für ihn reizvoll und für sie der schnellste Weg zum klitoralen Orgasmus. Also darauf steigt er doch gerne ein. Jeden Tag Sex ist ihr zu viel. Aber wenn man auf ihre Wünsche eingeht, passiert es öfter als bisher. Und wenn Wein und Kerzen helfen, warum nicht?

Es kommt Bewegung in die Berührung. Letztendlich ist alles gut, worin wir uns spüren. Wetten, dass Sie bald von Sex 1 auf Sex 3 kommen?

Nach einem Jahr machen Sie den Test nochmal und erreichen Ihren Zielwert von 3, 3, 2. Sie haben Ihre Beziehung gerettet, miteinander und aus eigener Kraft. Sie haben jetzt, was Sie brauchen, um in der Beziehung bleiben zu können.

Übernehmen Sie Verantwortung

Zu einer Beziehung gehören zwei. Zum Streiten auch. Zum Scheiden erst recht.

Wenn Sie die Bestandsaufnahme Ihrer Beziehung gemacht haben, wird Ihnen bewusst, dass Sie 50 % der Verantwortung tragen. Was immer Ihre Wünsche und Unzufriedenheiten sind, Sie tragen die Hälfte der Verantwortung. Damit haben Sie aber auch 50 % der Veränderungsmöglichkeit in der Hand. Eine 50-%-Chance ist eine faire Chance, auf die man sich einlassen kann.

Übernehmen Sie Verantwortung für die Schwächen Ihrer Beziehung. Nehmen wir an, Sie wollen sich scheiden lassen wegen folgender Minuspunkte:
Zwang: -4
Unerfüllte Erwartungen: -3

Ihr Partner übt unerträglichen Zwang auf Sie aus und außerdem ist er Ihnen alles schuldig geblieben, was Sie sich von der Partnerschaft erwartet haben. Damit Sie bleiben, müsste sich vieles verändern, was sich einfach nicht ändern lässt. Aber mit

Zwang -1, Erwartungen -1 könnten Sie leben. Sie konfrontieren Ihren Partner mit den Minuspunkten und einigen sich auf jenes Gebiet, an das Sie sich am ehesten herantrauen. Nehmen wir an, das sind die Erwartungen in Ihrer Beziehung. Machen Sie eine Liste von all dem, was Ihr Partner Ihnen schuldig geblieben ist.

Er sagt nie: „Ich liebe dich."
Er mag die Schwiegermutter nicht.
Er sagt mir nie, wie toll ich bin.
Er sagt mir nie, dass ich schön bin.
Er bemerkt nicht, dass ich beim Friseur war.
Er hat den Hochzeitstag drei Mal vergessen.
Er fragt mich nie nach meiner Meinung.
Er hat mich bei der Hochzeit nicht über die Schwelle getragen.

Zugegeben, letzter Punkt ist bei 20 Kilo Übergewicht schwer zu erfüllen, so seine Reaktion. Er würde seine Holde ja gerne über die Schwelle tragen, bei der Hochzeit war er leider zu betrunken dafür, damals wär's gewichtsmäßig leicht gegangen, aber er hatte ja keine Ahnung von diesem Wunsch, vertane Chance, aus und vorbei.

Beide entdecken, dass die Vorstellung, tragen und getragen zu werden, etwas sehr Reizvolles hat. Und es ist immer noch möglich, wenn beide etwas dazu beitragen. Sie muss ihr Übergewicht halbieren, er seine Körperkraft verdoppeln – aber das wollen beide ja ohnehin schon längst! Triumphierend geht er ins Fitnessstudio, was für sie plötzlich Sinn macht, und sie darf in den Beautysalon, den er sogar bezahlt. Und beim nächsten Hochzeitstag trägt ein etwas angegrauter Adonis seine junggebliebene Sylphide über die Schwelle – ein Triumph der Liebe! Nach diesem Erfolgserlebnis ist es nicht mehr schwer, „Ich liebe dich, du bist die Schönste für mich!" zu sagen. Das Erwartungskonto ist kein Thema mehr.

Bleibt Zwang -4. Ein wirklich harter Brocken. Denn Ihr Partner ist ein Zwängler. Gegen ihn ist Detektiv Monk ein lockerer Typ. Alles muss seine Ordnung haben, eine offene Zahnpastatube ruiniert ihm den Tag. Sie haben ja nichts gegen Ordnung, aber wenn sich das ganze Leben nur mehr um pedantische Kleinigkeiten dreht, hört sich der Spaß auf. Sie haben jahrelang versucht, ihn zu ändern, aber das geht einfach nicht. Ein Leben ohne Zwang gibt's scheinbar nur ohne ihn. Haben Sie wirklich alles versucht?

Machen Sie eine Liste von Möglichkeiten, wie Sie mit Zwang umgehen können.
Ignorieren
Abgrenzen

Tolerieren
Ihn ausspinnen lassen
Seine Regeln nicht befolgen
Die Regeln ihm zuliebe befolgen
Ihm die Angst nehmen, die hinter seinem Zwang stecken
Es humorvoll nehmen
Ihn anschnauzen
Ihn in Therapie schicken

Sie einigen sich, dass Humor für beide am leichtesten auszuhalten ist. Sie nehmen ihn liebevoll auf die Schaufel, wenn er wieder mal übertreibt. Auch Ignorieren wirkt Wunder: „Lass mich einfach meine Rituale machen", sagt er, „ich verlange ja gar nicht, dass du sie auch machst." Toleranz macht Ihnen das Zwangsleben leichter. Sie wissen ja, dass er Stunden damit verbringt, aufzuräumen und alles penibel in sein selbstgewähltes System zu bringen. Aber Sie schauen einfach nicht hin. Wenn er beschäftigt und damit glücklich ist, haben Sie derweilen Zeit zu tun, was Ihnen wichtig ist. Am Schluss entdecken Sie, dass sein Ordnungssinn auch etwas Positives hat. Er sorgt für Struktur, und so brauchen Sie sich nicht darum zu kümmern, können sich ganz auf die Kreativität konzentrieren. Sie sind bei Zwang -1 angelangt. Ganz ohne Zwang ist ein Zusammenleben ohnehin nicht möglich.

Die negativen Seiten Ihrer Partnerschaft haben sich auf ein Normalmaß reduziert. Auch mit einem neuen Partner würden Sie den Zielwert (-1, -1) vielleicht nicht unterschreiten. Da können Sie gleich bei Ihrem Alten bleiben.

Konzentrieren Sie sich auf die Liebe

Warum haben es Verliebte so leicht? Haben sie gar nicht, genau genommen. Der Anfang einer Beziehung ist voller Schwierigkeiten. Man weiß nicht, ob die Liebe erhört wird, ob sie von Dauer ist, man hat keine Wohnung, Sex ist gefährlich, wenn man nicht schwanger werden will, es gibt Rivalen und missliebige Verwandte. All das, was man sich als Ehepaar im Lauf der Zeit aufbaut, fehlt am Anfang.

Warum ist Verliebtsein trotzdem so schön? Weil den Verliebten die Schwierigkeiten egal sind und sie sich ganz auf die Liebe konzentrieren. Wenn wir uns lieben, kann die Welt untergehen, die Mayaprophezeiung 2012 wahr werden, der Atomkrieg ausbrechen, das ist unwichtig, wenn wir in die wunderschönen Augen des Geliebten blicken. Verliebte haben einen Tunnelblick, sehen nur einander, schwelgen im Drogenrausch der offenen Herzen.

Ist doch ein einfacher Trick, oder vielmehr gar kein Trick, sondern etwas, was auch Sie tun können.

Sehen Sie Ihrem Partner in die Augen, tief und lange. Betrachten Sie die Gestalt Ihrer Geliebten mit Wohlwollen. Freuen Sie sich darüber, dass Sie so einen schönen, liebenswerten Menschen an Ihrer Seite haben. Halten Sie sich vor Augen, wie schlimm es wäre, ohne ihn zu sein.

Konzentrieren Sie sich dann auf Ihr Herz. Erinnern Sie sich an all die schönen Stunden, all die netten Erlebnisse und lassen Sie zu, dass Liebe Ihr Herz durchströmt. Sie lieben diesen Menschen, gleich, was er gerade tut, anstellt oder verabsäumt. Sie haben diesen Mann/diese Frau geheiratet, damit Sie ihm/ihr Ihr Herz schenken können. Das hat er/sie sich zwar nicht verdient und muss es sich auch nicht verdienen. Sie schenken ihm/ihr Ihr Herz, weil es einfach schön ist, Liebe zu verströmen.

Neulich rief unser Sohn an, um uns mitzuteilen, dass er seine Freundin gerade ins Krankenhaus gebracht hatte und sie wohl die nächsten Tage dort bleiben müsse. „Das war vor drei Stunden und sie geht mir jetzt schon ab!", sagte er traurig. Welch schöneres Kompliment kann man seiner Freundin machen?

Die Liebesformel

Im Mittelalter braute man einen Liebestrank, wenn man einen Partner erobern wollte. Man kredenzte das Gebräu seinem Angebeteten und schon war alles in Butter. Wenn das so einfach wäre! Damals gab es Gott und den Teufel und alles war klar. Heute ist alles sehr, sehr kompliziert.

Vielleicht hätten es auch heutige Paare einfach, wenn sie die Formel des Liebestranks kennen würden. Wir wollen mal nicht so sein und die Liebesformel verraten:

2-mal gut denken + 2-mal gut reden + 2-mal gut handeln = gute Gefühle für zwei

---

Sie und Ihr Partner haben jeweils drei Ebenen, auf denen jeder etwas für die Liebe tun kann. Drei mal zwei ergibt sechs Verbesserungsmöglichkeiten für alles, was in Ihrer Beziehung nicht rund läuft. Also ran ans Werk!

Wenn wir in einer Krise sind, können wir unsere Sicht der Beziehung verändern, unsere Kommunikation verbessern und neue Handlungen erlernen. Wenn dies beide Partner tun, ändert sich eine ganze Menge. Auch das, was Sie für unveränderlich hielten.

Beginnen wir mit dem Denken.

Eine neue Sicht des Partners

Ein Hauptgrund für das Ausbrechen aus einer langweiligen Beziehung ist die Sehnsucht nach Abenteuer und Anregung. Wenn Sie sich in der Liebe nach Neuem sehnen, dann schaffen Sie etwas Neues. Zum Beispiel eine neue Sicht Ihres Partners. Sehen Sie ihn von einer Seite, von der Sie ihn noch nie gesehen haben.

Am einfachsten geht das, wenn Sie ihm endlich glauben, was er immer schon zu seiner Rechtfertigung vorgebracht hat: Ich bin doch gar nicht so, wie du mich siehst. Ich bin nicht zornig und ich bin nicht langweilig. Ganz im Gegenteil: Ich bin friedlich und kreativ. Außerdem kinderlieb, faul, diplomatisch, spirituell, stark, schwach, stolz, genüsslich, verspielt und vieles andere mehr.

Was wäre, wenn der Partner Recht hätte? Würde er dann nicht flugs den Traumpartner abgeben? Haben wir ihm nur nicht genug Raum gegeben, seine vielen Seiten in die Beziehung einzubringen?

Vor vierzig Jahren entdeckten die Psychologen, dass der Mensch nicht Eigenschaften hat, die er in allen Situationen zeigt, sondern Einstellungen, die bei bestimmten Themen zum Tragen kommen. So sind nicht einzelne Menschen aggressiv und andere nicht, sondern alle Menschen reagieren aggressiv auf bestimmte Themen, aber jeder auf andere. Was uns auf die Palme bringt, ist abhängig von unseren individuellen Einstellungen. So kann ein Partner aggressiv werden, weil die Zahnpastatube nicht verschlossen wurde, der andere ärgert sich, weil er nicht freundlich begrüßt wird. Den Tobsuchtsanfall des Partners wegen der Zahnpasta erleben wir als überwertig aggressiv, unseren eigenen Ärger als völlig gerechtfertigt. Leider neigen wir zur Verallgemeinerung und so wird aus einem Mittel der Zahnhygiene die Anlage: „Immer bist du zornig wegen unwichtiger Kleinigkeiten!"

Mal angenommen, der Partner hat Recht. Er erlebt sich als friedfertigen Menschen und ist es auch. Friedfertig zu bleiben gelingt ihm aber besser mit verschlossenen Tuben. Nehmen wir es pragmatisch und verschließen die blöde Tube, wenn sie ihm schon so wichtig ist.

Vielleicht ist ein Langweiler tatsächlich ein witziger Kerl – bei seinen Freunden, nach dem ersten Bier. Dann müssten wir ihn gar nicht durch einen neuen Partner ersetzen, sondern nur seinen Humor in die Beziehung hereinholen, indem wir z.B. öfter mit ihm ausgehen und auch ein Bier trinken.

Wenn Sie etwas in Ihrer Beziehung vermissen, verlassen Sie Ihren Partner vorübergehend. Treffen Sie ihn dann wieder in einer neuen Situation und betrachten Sie ihn aus einem neuen Blickwinkel. Vielleicht sehen Sie dann eine Seite von ihm, die Sie noch gar nicht kennen. Und haben das, was Ihnen abgegangen ist.

Schwächen umdeuten

Manche Menschen haben es sich gemütlich in ihrem Unglück eingerichtet. Sie brauchen das, um Grund zum Jammern zu haben. Jammern ist der zentrale Lebensinhalt, weil man als Kind nichts anderes gelernt hat. Natürlich macht es keinen Spaß, einen Jammerer zum Partner zu haben. Noch schlimmer ist die Erkenntnis, dass man selbst einer ist. Denn dann hätte der Partner ja Grund, mich zu verlassen, das weckt meine Verlassenheitsängste und der Jammer wird noch größer.

Heißt nicht, dass man nicht mal Dampf ablassen und dem Partner den ganzen Mist berichten darf, der ständig passiert. Wenn man alles seiner Klagemauer erzählt, geht es einem danach besser. Jammern als Lebensprinzip tut der Beziehung aber nicht gut, vor allem, wenn man sich ständig über die Fehler des Partners beklagt. Der hat irgendwann die Schnauze voll davon, den Sündenbock abzugeben. Hohes Scheidungsrisiko!

Gehen Sie also die Liste seiner Schwächen durch und überlegen Sie, ob Sie nicht manches davon auch positiv sehen könnten. Ertappen Sie sich selbst bei negativen Denkmustern, die der Realität gar nicht entsprechen, legen Sie diese einfach ab.

Schwächen – Der Partner ist der Richtige
Auch wenn Sie vieles an ihm stört, ist der Partner vielleicht doch der einzig Richtige. Das, was Sie an ihm nicht mögen, ist vielleicht genau das, was Sie brauchen, um sich zu entwickeln. Durch seine Aggressivität bringt er Ihnen bei zu kämpfen. In seiner Sensibilität spürt er alles, was wichtig ist. Seine sexuellen Bremsen machen Sex zu etwas Besonderem. Um sich von den Schwächen zu verabschieden, üben Sie folgenden Satz wie ein Mantra: „Mein Partner ist für mich der Beste."

Verletzungen – Ein Lob der Tatkraft

Sicher, der Partner hat Fehler gemacht. Aber wer macht das nicht? Fehler entstehen beim Handeln. Mein Partner nimmt das Leben in die Hand. Er zeigt Initiative, macht Vorschläge, Pläne. Mit ihm ist immer etwas los. Verankern Sie folgenden Satz in Ihrem Hirn: „Ich habe einen aktiven Partner, Gott sei Dank!"

Fixe Vorstellungen – Ein Hoch auf die Lebendigkeit

Mein Partner ist in vielem nicht das, was ich mir vorgestellt habe. Aber kommt es nicht immer anders, als man denkt? Sind Sie nicht selbst ganz anders als früher? Eben. Der Partner fordert mich heraus, bringt mich auf andere Gedanken als meine gewohnten. Weil er sich entwickelt, ist das Leben mit ihm lebendig und niemals langweilig. Denken Sie Folgendes: „Mit meinem Partner ist es spannend."

Unerfüllte Erwartungen – Entspannt lebt sich's leichter

Ich hab mir so vieles erträumt und niemals erhalten. Der Partner ist nicht der Prinz, der mich erlöst. Er ist ein normaler Mensch mit Stärken und Schwächen. Aber das ist auch gut so. Erlösen kann ich mich nur selbst. Nur was ich selber schaffe, macht wirklich Spaß. Ich erwarte nichts von ihm und er nichts von mir. Üben Sie folgenden Satz: „Ich lasse mich überraschen von dem, was kommt."

Schulden – Geben ist seliger als nehmen

Sie haben Ihrem Partner vieles gegeben und wenig zurückbekommen. Aber geht es nicht darum, Liebe zu verschenken und nicht nach dem Lohn zu fragen? Ihr Partner ist Ihnen vieles schuldig, aber dafür haben Sie viel bei ihm gut. Sie stehen moralisch gut da und irgendwann gibt er Ihnen doch zurück. Vielleicht etwas, was Sie gar nicht erwarten. Motto: „Geben ist seliger als nehmen."

Zwang – Ordnung ist das halbe Leben

Ihr Partner füllt das Leben mit Regeln, und das wird Ihnen zu viel. Aber Sie bremsen ihn ohnehin wieder ein. Er sorgt für Ordnung und Struktur, darum brauchen Sie sich nicht mehr zu kümmern. Sie stehen für die andere Hälfte, für Chaos und Kreativität. Das macht mehr Spaß, vor allem, wenn es ihn aus der Reserve lockt. Motto: „Er hat die Ordnung und ich alles andere."

Alter – Besser alt und weise als jung und unerfahren

Ein junger Körper ist herrlich, aber Hand aufs Herz: Möchten Sie wirklich wieder zwanzig sein und auf alles verzichten, was Sie sich aufgebaut haben? Kein Geld, keine Karriere, kein eigenes Haus und wieder so naiv wie damals? Ist Ihr Partner heute nicht ein interessanter Charakter, viel ausgereifter als am Anfang der Beziehung? Motto: „Wir beide sind wie reifer Wein."

Erfolgsdruck – Meine Erfolge kann mir niemand nehmen

Manches schafft man, manches nicht. Man kann sich am Ende nichts mitnehmen, nicht das Haus, nicht das Geld, nicht den Ruhm. Es ist auch nicht relevant, was andere unter Erfolg verstehen. Wichtig ist, was dich und mich stolz macht. Erfolg ist das, was wir erreicht haben, weil wir es erreichen wollten. Und das kann uns niemand mehr nehmen. Motto: „Ich bin zufrieden mit dem, was ich habe."

Konkurrenz – Wettbewerb führt zu Wachstum

Ohne Konkurrenz war nur Robinson Crusoe, solange er alleine auf seiner Insel lebte. Nicht wirklich erstrebenswert. Die vielen Gleichgesinnten, die in dieselbe Richtung laufen, sie spornen mich an, mein Bestes zu geben. Die Konkurrenten besiege ich täglich neu, indem ich mich um meinen Partner bemühe. Motto: „Ich bin der Sieger, weil mein Partner sich für mich entscheidet."

Eifersucht – Ich bin ihm nicht egal

Besser Eifersucht als Gleichgültigkeit. Je eifersüchtiger mein Partner ist, desto wichtiger bin ich ihm. Er will mich nicht verlieren, und das ist schön. Motto: „Ich bin für ihn das Wichtigste auf der Welt."

Sexuelle Probleme – Sinnlichkeit macht Lust auf mehr

Ich darf nicht so oft, wie ich möchte. Aber muss man nicht auf alles warten, was etwas Besonderes ist? Wer täglich Torte isst, kann Süßigkeiten bald nicht mehr sehen. Weihnachten, Geburtstag – an jedem Tag gefeiert, hören sie auf, ein Fest zu sein. Je länger man wartet, desto schöner wird es. Motto: „Der Körper meiner Partnerin ist das schönste Fest."

Ambivalenz – Jedes Ding hat zwei Seiten

Ich sehe die Vor- und Nachteile. Das ist gut so, denn jedes Ding hat zwei Seiten, nichts ist perfekt. In einer perfekten Partnerschaft gäbe es nichts mehr zu tun. So lasse ich mich ein auf die Bandbreite meines Partners und nehme ihn, wie er ist. Motto: „Er ist, wie er ist, sagt die Liebe."

Verbitterung – Sauer macht lustig

Manches war bitter, verletzend. Aber gerade dadurch sind wir uns nahe gekommen. Nach Regentagen scheint die Sonne umso schöner, nach Schwierigkeiten ist das Glück erfüllender. Wer immer Süßes isst, schmeckt bald nichts mehr. Sauer macht lustig, weil nach dem Sauren das Gute umso köstlicher ist. So akzeptiere ich meine Verletzungen und gehe behutsam mit denen des Partners um. Motto: „Bitterstoffe sind die Würze des Lebens."

Ignoranz – Ich habe meine Ruhe

Mein Partner lässt mich im Regen stehen, beachtet mich nicht, hört mir nicht zu. Sauerei! Soll er doch zum Teufel gehen! Drehen Sie es um. Würden Sie ständige Beachtung überhaupt aushalten? Ist es nicht gut, wenn der Partner mit sich selbst beschäftigt ist? Brauchen Sie nicht Zeit für sich? Motto: „Ich genieße meine heilige Ruhe."

Abhängigkeit – Wir brauchen einander

Ich brauche meinen Partner und sehne mich nach ihm. Ist das nicht schön? Braucht nicht auch er meine Sehnsucht? Wenn ich aufhöre, ihm nachzulaufen, merkt er, dass auch er mich braucht. und läuft mir nach. Motto „Wir brauchen einander, und das ist schön."

Unfruchtbarkeit – Meine Kinder sind überall

Kinder beschäftigen uns. Wer viele Kinder hat, kommt zu nichts anderem mehr. Wer keine hat, ist für alles offen. Kinder gibt es überall. Alle sind sie lieb und freuen sich, wenn man sie gern hat. Motto: „Alle Kinder sind meine Kinder."

In jeder Schwäche ist etwas Wichtiges verborgen. Schwächen regen uns auf, solange wir uns davor fürchten. Wenn wir an das Negative glauben, sehen wir auch den Partner negativ. Wenn wir die Botschaft der Kritik verstehen, erhalten wir, was wir vermissen.

Schätzen Sie, was Sie haben

Vielleicht haben Sie vor lauter Frustrationen zu wenig wahrgenommen, was alles in Ihrer Beziehung gut läuft. Ist ja selbstverständlich, denken Sie. Aber stellen Sie sich kurz vor, Sie wären bereits geschieden und ohne Partner. Würde Ihnen nicht manches abgehen? Schreiben Sie eine Liste von Dingen, die Ihnen fehlten, wenn Ihr Partner nicht mehr da wäre. Entdecken Sie die Geschenke, die Ihr Liebster Ihnen seit Jahren macht.

Zusammensein

Sie sind nicht allein. Ihr Liebster ist für Sie da, im Guten wie im Schwierigen, er hilft Ihnen, unterstützt Sie, leiht Ihnen sein Ohr, auch wenn er manchmal anderer Ansicht ist. Wer auf der Welt nimmt sich so viel Zeit für Sie? Wer sonst würde Sie seit vielen Jahren mit all Ihren Macken aushalten? Niemand. Schauen Sie Ihrem Partner in die Augen und danken Sie ihm dafür, dass er da ist. Sagen Sie ihm: „Schön, dass du für mich da bist."

Erleben

Mit wem haben Sie so viel erlebt wie mit Ihrem Partner? Es fällt Ihnen niemand anderer ein? Eben. Aber Sie hätten gern etwas ganz anderes erlebt als das, was der Partner geboten hat? Denken Sie kurz nach. Das Erleben lässt sich nicht auf Angenehmes und Erwünschtes beschränken. Das Gehirn lernt am meisten aus Fehlern und Herausforderungen. Wenn Sie die miteinander überstandenen Schwierigkeiten einbeziehen, dann hat Ihr Partner für die größte Palette von Erleben gesorgt. Das verbindet. Nehmen Sie Ihren Partner bei der Hand und spüren Sie, wie Ihre Energie in seine Arme fließt und seine Energie zu Ihnen strömt. Sagen Sie wieder und wieder wie ein Mantra: „Die Berührung unserer Hände ist ein Kraftwerk, das uns jederzeit Energie gibt."

Sinnlichkeit

Haben Sie sich nicht einst in den wunderschönen Körper Ihrer Geliebten verguckt? Und sind Sie nicht deshalb sauer, weil Sie inzwischen zu wenig von den zarten Berührungen bekommen, nach denen Sie sich so sehr sehnen? Aber Hand aufs Herz. Welcher andere Mensch hat Sie so oft gestreichelt und in die Leidenschaft getrieben? Mit niemand anderem hatten Sie so oft Sex, auch wenn es jetzt gerade zu wenig ist. Das Gute liegt so nahe, Sie müssen nur danach greifen. Denken Sie an die schönsten Momente mit Ihrer Partnerin und lassen Sie sich ganz von Erotik erfüllen. Dann berühren Sie Ihre Liebste zart und laden sie zu sich ein: „Du schenkst mir die schönsten Freuden."

Ergänzung

Am Anfang waren Sie davon fasziniert, jetzt treibt es Sie in den Wahnsinn: Ihr Partner hat Eigenschaften, die Ihnen völlig fehlen. Er kann Dinge, die Sie nicht können. Eben deshalb sind Sie ja ein gutes Team. Was der eine nicht kann, kann der andere. Was man nie gelernt hat, lernt man vom anderen. Das fordert heraus, man muss sich entwickeln, wenn man mit dem Partner mithalten will. Aber ist nicht gerade das die Qualität Ihrer Beziehung? Gemeinsame Entwicklung, Erlernen von neuen Fähigkeiten. Gestehen Sie Ihrem Partner seine Eigenschaften zu, nutzen Sie diese, statt sie zu bekämpfen. „Ich bewundere, was du kannst."

Geheimnisse

Nach zwanzig Jahren kennt man seinen Partner in- und auswendig? Mitnichten. Immer wenn man glaubt, ihn durchschaut zu haben, steht er schon wieder woanders. Es ist wie bei Hase und Igel. Man läuft ihm nach und erwischt ihn nie. Der Partner hat so viele Facetten, die sich ständig wandeln, dass es nie langweilig wird. Motto: „Du überraschst mich immer wieder aufs Neue."

Vertrautheit

Über welchen Menschen wissen Sie so viel wie über Ihren Partner? Kennen Sie nicht jede Geste, jedes Verziehen des Gesichts? Begleitet Sie nicht sein Geruch seit vielen Jahren? Kennen Sie nicht alle seine Gewohnheiten und Rhythmen? Ist der gemeinsame Alltag nicht schön? Ist das nicht ein fester Boden, der Sie trägt und Ihre Ängste mindert? Betrachten Sie Ihren Partner mit liebevollem Blick. Auch seine Schrullen und Unvollkommenheiten sind längst etwas Selbstverständliches. „Du bist die Konstante in meinem Leben."

Austausch

Worüber haben Sie nicht schon gestritten, diskutiert? Verschiedene Ansichten, Meinungen, unterschiedliches Wissen. Haben Sie nicht fortwährend von Ihrem Partner gelernt? Dass man Themen von entgegengesetzten Seiten sehen kann, dass Frauen anders fühlen als Männer. Vier Augen sehen mehr als zwei. „Gemeinsam sind wir unschlagbar."

Ähnlichkeit

Vieles haben Sie sich gemeinsam erarbeitet und sich dabei angenähert. In manchem fühlten Sie immer schon gleich und mussten nicht viel erklären. Anderes ist durch viele Erklärungen langsam zur Gewohnheit geworden. Genießen Sie diesen gemeinsamen Bereich, denn den gibt es immer. „Du und ich, wir sind verwandte Seelen."

Kinder

Kinder sind ein Geschenk, gleich ob sie klug oder durchschnittlich, sanft oder wild, ruhig oder laut sind. Über jedes Kind können Sie sich gemeinsam freuen. Was immer Ihr Kind tut, es ist Ihr gemeinsamer Erfolg. „Du und ich, wir haben ein Leben erschaffen."

Freiräume

Manche Freiräume haben Sie aus Ihrem Singleleben behalten, andere mühsam erkämpft. Jetzt kennt Ihr Partner Ihre Grenzen, respektiert sie. Sie haben ein Gleichgewicht aus Nähe und Distanz etabliert. Sie können gut mit dem Partner und gut bei sich sein. „Ich bin gut bei dir und gut bei mir."

Verzeihen

Auch wenn Sie es nicht zugeben wollen: Sie haben Ihrem Partner schon viel verziehen und er Ihnen ebenfalls. Denn ohne Verzeihen wären Sie längst nicht mehr beisammen, bei den vielen Fettnäpfchen, in die man so tritt. Sie wissen, Ihr Partner verzeiht Ihnen, verzeiht Ihnen alles, weil er Sie liebt. Sie müssen ihn nur darum bitten. „Ich bitte dich um Verzeihung."

Erinnerung

Fotoalben sind der Altar der Beziehung, auch wenn sie nicht mehr in Bänden, sondern im Computer gespeichert sind. Wir sammeln Bilder des gemeinsamen Lebens, hüten sie wie einen Schatz. Über Erinnertes können wir schmunzeln und lachen: „Weißt du noch, damals am See, als dir die Schlange entgegengeschwommen ist …." „Unsere Ehe ist ein spannender Film, den wir nicht oft genug betrachten können."

Optimismus

Harte Zeiten, schwierige Zeiten, Niederlagen, Krankheiten. Und lag auch einer am Boden, der andere behielt den Mut. Wir richteten uns gegenseitig auf. Wenn man ermutigt wird, kommt der Optimismus zurück. Es wird schon klappen, es muss einfach klappen. Auch dieses werden wir schaffen. „Ich und du, wir lassen uns nicht unterkriegen."

Ringen

Nichts geht über einen guten Kampf, auch in der Ehe nicht. Oft haben Sie Ihre Kräfte gemessen, die Klingen gekreuzt. Jeder wollte etwas anderes oder das, was der andere schon hatte. Beide schärften ihren Willen, keiner gab nach. Sie spürten den Druck des anderen, aber Druck lässt Stärke entstehen. „Durch dich ist meine Kraft gewachsen und darauf bin ich stolz."

Kreativität

An manchen beschwipsten Abenden hatten wir Höhenflüge, steigerten uns hinein in Bilder der Zukunft, verrückte Ideen, die wir am nächsten Tage schnell vergaßen. Aber manches zogen wir tatsächlich durch, bauten daraus unser Leben. Den Urlaub, den Garten, die Kindererziehung, deine und meine Karriere. „Alles entstand aus freiem Geist, der wehen durfte, bei dir und mir."

Gelassenheit

Was willst du mich reizen mit Themen, die ausgereizt sind? Ich kenne deine Motive und du kennst meine. Ich lasse dich sein und du lässt mich. Angenommen sein, wie man ist. Hat lange gedauert, aber jetzt ist es gut. Ich weiß, wer ich bin, und du weißt, wer du bist. Wir wissen, was wir aneinander haben. Schön, nach zwanzig Jahren nicht alles neu erklären zu müssen. „So wie es ist, ist es gut."

Mal ehrlich, haben Sie nicht vieles gefunden, was an Ihrer Beziehung gut ist, gut war und gut sein wird, solange Sie den Partner haben? Wollen Sie das wirklich alles aufgeben und riskieren, mit einem neuen Partner bei null zu beginnen? Man kann nicht alles haben, bei keinem Menschen. Der Neue hat, was der Alte nicht hat. Aber kann er auch, was mein Alter kann?

Schwächen in Stärken verwandeln

Nach der Pflicht kommt die Kür. Wenn Sie Ihre Stärken und Schwächen kennen, machen Sie eine Übung, die Ihre Partnerprobleme ein für alle Mal beendet. Machen Sie die Schwächen zu Stärken, indem Sie Ihre Denkmuster ändern. Wenden Sie sich von der Schwäche ab und der dazugehörigen Stärke zu, indem Sie die Muster von Minus auf Plus schalten und die Tatsachen anders bewerten.

Schwäche wird zu Vertrautheit
Wenn Sie lange mit Ihrem Partner leben und ihn immer mehr schätzen, wollen Sie das Vertraute nicht mehr missen. Je mehr Sie den Partner lieben, wie er ist, desto unwichtiger werden seine Fehler.

Erwartung wird zu Ergänzung
Sie erwarten sich nichts mehr vom Partner, denn er wird Sie nicht erlösen. Wäre auch schlimm, denn Sie leben Ihr Leben sowieso lieber selbst. Sie genießen aber die Stärken des Partners und machen sie sich zunutze. Wenn er etwas lieber und besser kann als Sie, dann überlassen Sie ihm das gerne.

Aus Schuld wird Ringen
Schulden eintreiben macht nicht selig, Inkassobeamte sind am Rande des Burnouts, weil keiner sie mag. Warum Feilschen um jeden Cent, in Summe geht sich doch alles aus. Dafür kämpfen Sie aber um Ihre Interessen, wenn es um die Wurst geht. Bevor die Entscheidung fällt, zahlt es sich aus, seine Überzeugungen deutlich zu machen. Sie ringen so lange um eine bevorstehende Vereinbarung, bis Sie gut damit leben können. Dann braucht man darüber kein Wort mehr zu verlieren.

Aus Zwang wird Freiraum
Zwang ist Ordnung und Ordnung ist überall. Strukturen und Grenzen sind sinnvoll, entscheidend ist aber, was durch sie eingegrenzt wird. Grenzen definieren Räume und diese können Sie nutzen. Ärgern Sie sich nicht mehr über die Mauern, an die Sie stoßen, bewohnen Sie lieber die Zimmer, die von den Mauern getragen werden.

Alter führt zu Erinnerung
Wer bliebe nicht gerne ewig jung? Ein schöner Traum, der im Film „Zardoz" zu Ende gedacht wurde. Dort können die Menschen weder sterben noch altern. Da wird Ihnen so langweilig, dass Sie sich nach dem Tode sehnen. Bleiben Sie lieber jung im Geiste. Die Erinnerungen helfen dabei. Man trägt das liebe Kind, den rebellischen Jugendlichen, den dynamischen Adoleszenten in sich. Sehen Sie Ihre Frau so, wie sie war – und immer noch ist. Ihre innere Schönheit schlägt alles junge Gemüse.

Statt Erfolgsdruck Gelassenheit

Erfolg macht süchtig. Eine Zeitlang rennt man mit der heulenden Meute, die Jagd nach der Beute macht Spaß. Aber irgendwann ist es genug. Wozu sich weiter anstrengen? Gelassen lebt es sich leichter. Ein ungehetzter Körper fühlt sich viel besser an.

Statt Unfruchtbarkeit die Freude an Kindern

Keine Kinder zu haben ist schlimm. Damit zu hadern bringt jedoch nichts. Kinder kommen, wenn Sie sich geladen fühlen. Wenn Sie gut an Kinder denken, dann kommen sie auch. Auf den seltsamsten Wegen. Nisten sich in der Bauchhöhle ein („Welcher Idiot hat die Gebärmutter wegoperiert?"), kommen als Seitensprung oder wenn das Adoptivkind schon da ist. So viele Kinder entstanden, nachdem Ärzte ihre Mütter für unfruchtbar erklärt haben. Wenn Sie sich ein Kind wünschen, dann glauben Sie weiter daran. Ihr Kind kommt zu Ihnen, auf wundersamen Wegen.

Aus Verbitterung wird Verzeihen

Verbitterung vergiftet das Leben, vor allem das eigene. Man denkt ständig an das Negative und kriegt es nicht aus dem Kopf. Verzeihen ist toll. Man legt das Bittere auf den Tisch, verabschiedet sich davon und lässt es los. Man verzeiht dem Partner, umarmt sich und die Last ist von den Schultern.

Aus Abhängigkeit wird Zusammensein

Wir sind voneinander abhängig. Das ist nun einmal so. Abhängig sind wir aber nicht nur vom Partner, sondern von allen möglichen Menschen um uns herum. Wir sind soziale Wesen und brauchen einander. Darum sind wir ja zusammen und leben in einer Beziehung. Wenn wir das Zusammensein genießen und uns des anderen sicher sind, dann haben wir Abhängigkeitsspielchen nicht mehr nötig.

Jedes Minus hat sein positives Gegenstück. Wir müssen nur den Minusschalter umlegen. Positiv und Negativ liegen enger zusammen, als es die Schablonen in unserem Gehirn nahelegen. Das Gehirn denkt in Schwarz und Weiß, der Kontrast macht die Bilder prägnant. Negative Bilder bereiten uns auf Schwierigkeiten vor, positive Bilder locken uns ins Ziel. Wir haben es in der Hand, wie viel Aufmerksamkeit wir den Katastrophen und wie viel wir der Liebe geben.

Die magische Verwandlung von Gut und Böse ist in der Analog-Fotografie ganz normal. Aus dem Positiv der Realität entsteht das Negativ. In der Dunkelkammer machen wir aus dem Negativ wieder ein Positiv. Wenn Sie gerade in der Dunkelkammer Ihres Lebens sind, erkennen Sie, dass Negativ und Positiv dieselben Themen abbilden, nur mit entgegengesetzten Grautönen.

Die Macht des Gesprächs

Zusammenleben hat einen großen Vorteil: Man kann jeden Tag miteinander reden, sich alles mitteilen, erzählen, was einen beschäftigt. Dann geschieht etwas Magisches: Die Wahrnehmungswelten der beiden Partner gleichen sich an. Alles, was man sich erklärt hat, wird zu einer gemeinsamen Welt, auch wenn man weiter verschiedener Meinung ist. Aber man kennt jetzt die Meinung des anderen.

Bei Geschiedenen passiert das Gegenteil. Je länger sie nicht mehr miteinander reden, desto unterschiedlicher werden die Berichte des Vergangenen. Scheidungskinder, Scheidungsrichter und Anwälte werden schier wahnsinnig, weil Exmann und Exfrau völlig gegensätzlich von etwas erzählen, was sie doch gemeinsam erlebt haben. Wie kann das sein? Schuld ist unser munteres Gehirn. Das begnügt sich nicht mit der Wahrnehmung, sondern interpretiert das Erlebte, vergleicht es mit anderen Geschehnissen und legt es in bestimmte Schubladen ab. Wenn etwas lange in einer Lade liegt, halten wir unsere Interpretation für die Wahrheit. Da Expartner verschieden interpretieren und dasselbe Erlebnis für Mann und Frau nicht die gleiche Bedeutung hat, schließen beide messerscharf, dass der Ex einen anlügt. Dann gehen die Wogen erst richtig hoch.

Gut reden hat zwei Komponenten: Einer muss sich ehrlich mitteilen und der andere offen zuhören, ohne gleich zu interpretieren. Der eine erzählt über sich und seine Gefühle, der andere hört zu, wiederholt, was er verstanden hat. Sagt nur: „Mhm, ich verstehe, meinst du das so …?" Dadurch wird der Erzähler ermutigt, noch mehr von sich preiszugeben, und der Zuhörer nimmt teil an der Welt seines Partners. Der Zuhörer ermutigt, bestätigt, lobt, ist interessiert. Dadurch fühlt sich der Erzähler wertgeschätzt. Wenn einmal der eine und dann der andere erzählt, fördert dies den Austausch zwischen den Partnern.

Anders das Streitgespräch: Hier prallt der Wille des einen auf den Willen des anderen. Man kämpft um eine Sache, die einem wichtig ist, ohne gleich einen faulen Kompromiss zu schließen. Man lässt Meinungen nebeneinander stehen, braucht viele Runden, bis man zu einer Abmachung kommt.

Wieder anders die Einladung. Ich möchte etwas mit dir machen: einen Ausflug, kuscheln, reden, Sex. Ich werbe um dich und mache dir schmackhaft, wonach mir das Wasser im Munde zusammenläuft. Auch wenn du nicht willst, gebe ich nicht auf. Ich schildere dir so lange die Vorzüge meines Plans, bis ich dich überzeuge.

Auch Trost bringt uns zusammen. Einer ist traurig, weil er etwas verloren hat. Einen Freund, eine Chance, einen Schatz. Der andere fühlt mit ihm und fängt ihn auf, beruhigt ihn, versteht das Gefühl. Dem Traurigen kommen die Tränen. Er lehnt sich an eine starke Schulter. Wenn wir beide trauern dürfen, kann alles in unserer Seele heilen.

Und dann das Lachen. Manchmal haben wir Unfug im Kopf. Wollen nur Blödsinn reden, Witze erzählen, die Nachbarn ausrichten. Das, worüber wir lachen, das wiegt nicht mehr so schwer. Der Ernst des Lebens verliert seine Spitzen.

Auch Sachinformationen bringen uns weiter. Wir bringen uns schnell auf denselben Stand. Der eine macht weiter, was der andere beendet, und muss nicht das Rad neu erfinden. „Die Kinder müssen noch essen, ins Bad und ins Bett, der Tisch ist gedeckt, der Braten im Ofen. Ich muss zu meinem Treffen, wünsch dir einen schönen Abend." In wenigen Sätzen ist alles gesagt.

Und dann noch das Wichtigste: Reden mit Gefühl. „Ich liebe dich, ich hab mich so gesehnt nach dir. Du bist die Schönste, ich verzehre mich seit Stunden nach deinen berauschenden Kurven, deinem Duft, deinem Haar. Erhöre mich, Geliebte, sonst muss ich vergehen vor Sehnsucht nach dir."

Verletzungen heilen

Alle sind wir verletzt. Manche mehr, manche weniger, aber Narben und Schrammen hat jeder. Aufgeschlagene Knie, Kritik, Peinlichkeiten, Lieblosigkeit – vieles konnte heilen, denn bis man heiratet, wird alles wieder gut, sagt das Sprichwort. Aber nicht alles ist bei der Hochzeit verheilt. Kränkungen eitern in unserer Seele. Wir zeigen sie niemandem, damit nicht wieder hineingestochen wird. Solange uns niemand zu nahe kommt, können wir die Wunden verstecken. Aber wenn wir uns nahe sind, geht das nicht mehr. Gerade im höchsten Glück kommt verschüttete Traurigkeit zum Vorschein, die wir niemandem zeigen konnten. Und so sieht der Geliebte uns so, wie uns keiner sieht: schwach und verletzlich.

Wenn sich Körper an Körper reiben, dann spürt man die wunde Haut. Ohne es zu wollen berühren Liebende die wehen Punkte des anderen. Der schreit dann auf, man versteht es nicht. „Ich hab doch gar nichts getan." „Du bist auch nicht schuld. Aber sieh her, da tut es mir weh, seit vielen Jahren schon."

Die Wunden des anderen zu verstehen, gibt Mut zum Handeln. Wir fühlen mit, trösten und wissen, wir sind nicht schuld. Die Dornenhecke war schon vorher da, verwünscht von der bösen Fee. Aber der richtige Prinz schiebt die Hecke zur Seite und küsst die Prinzessin wach.

Manch Schmerzensschrei bezieht man auf sich – hört Wut, Kritik, Beschuldigung. Man rechtfertigt sich, man hat nichts getan, die Schreie werden nur lauter. Gekränkt zieht man sich zurück. Die blöde Zicke kann mich mal. Dann gewinnt die Hecke, man wird kein Prinz, kommt nie zur Seele des Partners durch.

Wenn wir die Wunden erkennen, die vor Jahren zugefügt wurden, wird einer der Heiler des anderen. Was macht man mit Verletzten? Man wäscht die Wunde, tut Salbe drauf und schmutzabweisende Verbände. Das blutende Knie des Kindes wird durch die Hand der Mutter gut, die das Pflaster draufklebt.

Wollen Sie nicht ein Heiler sein, ein Arzt, ein Psychologe? Bei Ihrem Liebsten oder Ihrer Liebsten sind Sie das alles. Unter Ihrer ruhigen Hand heilt der Schmerz. Ihr achtsames Auge verhindert, dass neues Unheil geschieht.

Wenn Sie den Ursprung des Ärgers, die Geschichte des Konflikts kennen, dann wird es leicht, aus Streitigkeiten auszusteigen. Der Vater der Frau war streng, und das fällt ihr ein, wenn ich entschieden auftrete. Dann spürt sie die alte Angst und ich muss sie beruhigen und ihr versichern, dass ich sie nicht überfahren will. Seine Mutter war dominant, und drum wird ihm schnell eng, wenn ich zu viel auf einmal will. Dann geb ich ihm Zeit und lass ihm Raum, bis er von selbst wiederkommt.

Sie kennen Ihren Partner längst und wissen: Alles, was sich nicht durch Vernunft lösen lässt, hat alte Wurzeln. Dann muss man die Gefühle beachten und seien sie noch so verrückt. Wenn die Verletzung erzählt und verstanden ist, kommt die Ratio von selbst zurück.

Schwächen stoppen, Gutes aussprechen

Manche Schwächen sind stark. Sie haben sich ein Leben lang eingeprägt, sodass man sie nicht abstellen kann. Und trotzdem können Sie Ihre Schwächen stoppen. Wenn Sie zum Beispiel Schlechtes denken, sprechen Sie es nicht aus. Behalten Sie es für sich. Beißen Sie sich auf die Lippen.

Der Mensch hat ein riesiges Vorderhirn, welches seine Emotionen kontrolliert. Dort sitzt der Verstand und prüft, ob eine Emotion zweckdienlich oder sinnlos ist. Das Vorderhirn ist ein gutes Instrument, um Verletzungen in der Partnerschaft zu vermeiden.

Natürlich weiß man, wie man den Partner auf die Palme bringt, und manchmal hätte man Lust dazu. Man braucht ihn nur an seinem wunden Punkt zu beleidigen, schon springt er wie ein Känguru. Das ist effizient, wenn man die Scheidung will; für die Liebe bewährt es sich nicht.

Wenn man souverän seinen Alltag lebt, dann gelingt die Kontrolle ganz gut. Unter Stress gehen die Emotionen durch und dann schreit man sich an: „Du widerlicher Besserwisser, du keifende Xanthippe, dich soll der Teufel holen!" Aber man weiß, das ist im Zorn gesagt und nicht mit Gold abgewogen. Man beruhigt sich wieder und sollte sich nicht zu gut sein, den Fluch zurückzunehmen. „Es tut mir leid, war nicht so gemeint, natürlich stimmt das nicht. Du bist mein Engel und ich liebe dich, ich war außer mir und wusste nicht mehr, was ich sagte."

Reden Sie lieber über Gutes, verwenden Sie positive Wörter: wunderbar, fantastisch, fein, großartig, toll, super, gut, schön, richtig, bestens. Sprechen Sie von Ihrer Partnerin oder Ihrem Partner in den höchsten Tönen, übertreiben Sie ruhig ein bisschen. Komplimente mögen altmodisch sein, doch entfalten sie ihre Wirkung. Jeder will gelobt, geachtet sein, also beginnen Sie selbst mit Loben. Wer Schönes sagt, bekommt ein Echo zurück, das gut in den Ohren klingt:

Toll, dass du da bist für mich, seit so vielen Jahren schon.
Ich liebe dein Kleid, deine Taille, deinen Busen.
Ich liebe die Sanftheit, dein Verstehen, den Blick, die Wangen, die zarten Hände.
Ich mag deine Schultern, den starken Arm, die Tatkraft, den schnellen Entschluss.
Mit dir erlebe ich vieles neu und immer noch lieb ich dich.
Dein Trost, dein Mut sind wunderbar, immer wieder bau ich auf dich.
Deinen Willen, die Stärke mag ich an dir, dass du selbstständig bist und viel kannst.
Toll, was ich lerne nur durch dich, weil du niemals locker lässt.
Ich rede so gerne und gut mit dir, dein Geist erweitert mein Hirn.
Ich spüre dein Herz, großartig, fein; lass es in meines hinein.
Du bist die einzige Liebe für mich, meine Partnerin, meine Gefährtin. Du bist die Muse, die Inspiration, du öffnest die Schönheit für mich.

Neues erlernen

Der Partnertest war ein Hammer. Sie hatten ein schlechtes Gefühl dabei und ließen sich doch überreden. Nun steht es da, schwarz auf weiß. Ihr ganzes Sündenregister, das die Partnerin seit Jahren beklagt. Liebt sie mich nicht mehr? Findet sie nur mehr Fehler an mir? So schlecht bin ich auch wieder nicht. Soll sie sich einen anderen Deppen suchen. Oder besser noch, ich suche mir eine Junge, die mich anbetet.

Aber Sie sind doch ein ganzer Mann. Männer lösen Probleme. Da haben Sie schon ganz anderes hingekriegt. Wäre doch gelacht, wenn Sie Ihre Frau nicht eines Besseren belehren könnten.

Was war da noch auf dem Minuskonto? „Du rührst im Haushalt keinen Finger, lässt dich nur von mir bedienen, du fauler Sack." Stimmt ja auch, aber das ist doch das Recht der Männer. Man verdient das Geld, die Frau hält einem den Rücken frei. Jetzt verdient auch sie viel Geld und erwartet Rückendeckung von mir. Na schön, dann muss man halt Haushalt lernen. Ein Kochbuch für Männer hat sie mir vor Jahren geschenkt, dann packen wir es halt aus. Rühreier ist kein Problem, Spaghetti kochte man als Student, Hackbraten ist leicht und Schnitzel auch, wie hat die die Mutter paniert? Die Anleitung im Kochbuch ist nicht viel anders als technische Arbeitsbeschreibungen. Mit einiger Übung macht es Spaß. Mit Selbstgekochtem überrascht man sie, nimmt ihr den Wind aus den Segeln. Den Geschirrspüler einräumen kann man sowieso viel besser, denn Mann hat räumliches Vorstellungsvermögen. Bügeln hat man als Junggeselle gelernt, hat einen netten Vorteil – wer bügelt, ist Herr über die Fernbedienung. Halbe-halbe ist gar nicht so schlimm, wenn man erst darin Übung hat. Man kann abschalten und entspannt sich dabei. Die Faulheit ist weg vom Tisch.

Was war da noch? „Du sprichst nicht mit mir, und schon gar nicht über Gefühle." Lächerlich. Ich rede den ganzen Tag. Eine Besprechung jagt die nächste. Wenn es sein muss, rede ich jeden nieder, warum also nicht meine Frau? Das hat sie davon. Jeden Abend eine zweistündige Besprechung, alle Punkte sind auf der Agenda. Ich höre nicht auf, bis alles geklärt ist – oder bis sie nach Ruhe lechzt. Reden ist auch kein Thema mehr.

Gefühle schon, denn Männer haben doch keine. Und wenn, dann redet man nicht darüber. Im Job ist es gefährlich, Gefühle zu zeigen. Anders bei der Frau. Sie begleitet meine Sprechversuche mit Wohlwollen. „Ich bin traurig, weil …, ich bin wütend, weil …, ich ärgere mich über …, ich wünsche mir …, ich bin verwirrt – zum Teufel, ich weiß auch nicht, worüber." Jetzt hab ich's. Man hängt einfach ein

Gefühl vor das, was man sagt, schon klingt es anders und sie ist zufrieden. Nicht ganz. Sie will echtes Gefühl. Was soll das wieder sein? Mein Coach klärt mich auf und zeigt mir den Trick. „Horchen Sie in sich hinein. Was spüren Sie? Was sagt Ihr Bauch?" „Hunger" „Das hab ich nicht gemeint." Ich spüre ja wirklich was. Meiner Nase stinkt's, mein Mund verzieht sich, dem Magen ist übel, die Verdauung streikt, im Unterbauch flattert's, das Herz quillt über, ich atme tief, das Sonnengeflecht schenkt ein schönes Gefühl. So ist das also. Heureka! Mein Körper erzählt mir, was wichtig ist, ich muss nur lernen, ihn zu lesen.

Auch Gefühl ist letztlich nur eine Technik, die man erlernen kann. Die Frauen nennen das Intuition. Seltsamerweise hab ich die auch. Je mehr ich übe, desto mehr spüre ich, was Sache ist, auch wenn ich es nicht begründen kann.

Nun ist die Agenda erledigt. Ich kann, was ich schon immer konnte, und mehr dazu, bewege mich auch in der Welt meiner Frau, rede mit Charme und Stil. „Wie geht's dir mein Schatz, was wünschst du dir, was kann ich tun für dich? Ich spüre, dir läuft was über die Leber, spuck aus, was die Galle zum Kochen bringt. Ich lieb dich so wie am ersten Tag, bei deinem Anblick zerspringt mein Herz. Nimm mich in deine sanften Arme, erlöse mich von meinem Sehnen." Bin ich jetzt ein „neuer Mann"?

Hingabe

Männer wollen das Eine. Weiß man ja. Sie sind so leicht zu durchschauen. Aber Frau springt nicht mehr, wenn Mann will. Da muss der sich erst bemühen. Frauen wollen umworben sein. Sie sitzen auf dem größten Schatz, den Mann erobern kann. Sie rücken ihn nicht so schnell raus. Sklavin war man lange genug, warnen die Stimmen der Ahninnen. Verschenkst du dich zu schnell, dann tritt dich der Mann mit Füßen.

Sich weigern erhöht den Wert der Frau. Eine Ehrbare tut es nicht. Erst wenn der Freier den Antrag gestellt, die Ehe besiegelt, das Bett gebaut hat. Dann darf der Mann in den Himmel, der in der Höhle wohnt.

Auch in Ehen wirkt die Verweigerung. Der Mann wird bestraft, wenn er nicht macht, was Frau will. Bedrängt er mich, wird Gewalt geschrien. In Ehekrisen ruht der Sex. Tut mir leid, ich hab keine Lust. Nicht gestern, nicht heute, auch morgen nicht, dein Begehren törnt mich nicht an.

Verweigern ist eine starke Waffe. Bewusst oder unbewusst hält sie der Frau den Mann vom Leib. Klug eingesetzt bringt sie ihn auf Trab, er bewegt sich und beginnt zu verstehen. Zu lange verwendet wird die Waffe stumpf oder richtet sich gegen die Frau selbst. Denn manchmal will man das Eine ja auch, brennt wie Feuer. Dann möchte man küssen und halten und schreien. Aber das geht ja nicht. Der Mann will bestraft sein. So bleibt es bei der Fantasie.

Mit schönen Worten öffnen sich die Türen. Mein Liebster liebt mich, findet mich toll, keine Frau ist so schön wie ich. Das will doch genossen sein. So lade ich ihn ein zu meinem Fest, dem Fest der Sinne und Körper. Ich mache seinem Leiden ein Ende. Er nimmt mich in seine Arme. Heute, mein Liebster, beschenk ich dich.

Gutes tun

„Ask not what your country can do for you – ask what you can do for your country." Dieser berühmte Satz von John F. Kennedy lässt sich auf die Partnerschaft übertragen. „Frage nicht, was dein Partner für dich tun wird, frage, was du für deinen Partner tun kannst."

Das Prinzip ist einfach. Wenn du Gutes willst, tu Gutes, dann kommt Gutes zu dir zurück. Gute Taten zahlen sich doppelt aus. Man fühlt sich gut, weil man das Richtige getan hat. Früher oder später gibt der Partner das Gute zurück und dann hat man, was man braucht.

Wenn Sie einen Mangel in Ihrer Ehe verspüren, schreien Sie nicht danach, dass die Partnerin endlich handelt. Handeln Sie selbst, jetzt und sofort.

Wenn Frauen gute Männer beschreiben, hört man Folgendes: „Er ist für mich da, geht auf mich ein, liest mir die Wünsche von den Augen ab, ich kann mich auf ihn verlassen." Männer wünschen sich Ähnliches. Wir sehnen uns alle nach Partnern, die gut zu uns sind. Der Wunsch erfüllt sich sofort, wenn wir selbst gute Partner sind.

Sparen Sie also nicht mit Geschenken und guten Handlungen. Bringen Sie Blumen mit nach Hause und guten Wein. Schenken Sie Schmuck, Bücher, Musik. Schreiben Sie Gedichte oder malen Sie Bilder, die Ihre Liebste verherrlichen. Basteln Sie Sachen für den Haushalt. Verwöhnen Sie den Liebsten mit gutem Essen. Schenken Sie all die köstlichen Empfindungen, die Ihr Körper hervorzuzaubern vermag. Streicheln Sie mit Worten und Händen, küssen Sie jeden Teil Ihrer Liebsten.

Machen Sie, was Sie sonst nicht tun würden, Ihrer Liebsten zuliebe. Fahren Sie mit auf Reisen, besuchen Sie Kleidergeschäfte, Pop-Konzerte, Theater, Kinos, Tanzkurse, auch wenn Sie persönlich das alles für Zeitverschwendung halten. Tun Sie es für sie, dann wird auch sie mit Ihnen gehen, wohin Sie wollen.

Wenn Ihre Liebste erschöpft ist, nehmen Sie ihr den Haushalt ab. Wenn sie die Kinder erschlagen möchte, kümmern Sie sich um die kleinen Terroristen. Fahren Sie sie zum Arzt, wenn sie Schmerzen hat. Finanzieren Sie die Ausbildung, die sie aufleben lässt. Stützen Sie seine Karriere mit allem, was Sie haben.

Wer sät, der erntet. Alles, was Sie geben, bekommen Sie doppelt und dreifach zurück. Weil gute Taten sofort Ihr Selbstbewusstsein steigern. Weil sie sofort die Stimmung in der Partnerschaft heben. Weil Ihr Partner Gutes zurückgeben wird, sobald er kann.

Über Gutes lässt sich leichter verhandeln als über Schmerzhaftes. Wenn du mir meinen Spaß erlaubst, dann gönne ich dir den deinen. Ich bremse dich nicht, ich fördere dich. Alles, was für dich gut ist, soll mir recht sein. Dann ist Ihre Beziehung im Überschuss und wird ganz leicht zu leben.

Wenn Sie im Defizit sind, zu viele Schulden aufgehäuft haben, geht es Ihnen wie Staaten, die schlecht gewirtschaftet haben. Die brauchen eine Finanzspritze, um wieder auf die Beine zu kommen. Wenn Ihre Liebe stirbt, wurde sie zu lange ausgehungert. Dann braucht es eine Liebesspritze, damit das Gute wieder in Gang kommt. Sie könnten der Arzt sein, der die Spritze setzt. Lieben Sie den Partner und tun Sie ihm gut. Alles andere kommt dann von selbst.

Lingam und Yoni

Seit der Verteufelung des Leibes schleppt die Liebe ein schweres Erbe mit sich. Warum der heilige Paulus die Frauen nicht schätzte, weiß niemand so recht, vielleicht wurde er auch nur falsch zitiert. Wie soll die Liebe etwas Himmlisches sein, wenn der Leib die Pforte zur Hölle ist?

Die Wissenschaft hat zwar zur sexuellen Befreiung geführt, aber damit auch die Sexualität banalisiert. Reibung erogener Zonen, Erregungskurven, sexuelle Mechanik – klingt alles nicht wirklich erotisch. Andere Kulturen sind uns da voraus – oder behielten den natürlichen Zugang zum Körper. In Indien ist das Geschlecht etwas Heiliges, wird in Tempeln verehrt und dargestellt. Das Lingam des Mannes ist ein mächtiger Pfahl, an dem man Kraft schöpfen kann. Yoni, eine heilige Höhle, umgibt das Lingam. Wenn Paare ihr Glück suchen, werden sie in den Tempeln gesegnet, von Lingam und Yoni.

Lust ist etwas Heiliges. Wenn es Mann und Frau zueinanderzieht, folgen sie dem Willen des Göttlichen. Kann so nicht göttlicher Sex entstehen?

Betrachten Sie Ihre Beziehung vom höheren Standpunkt aus, wenn Sie göttliche Liebe suchen. Sie, der Mann, sind Shiva, der Gott der Zeugung. Mit Ihrem Lingam lassen Sie neues Leben entstehen, hauchen ihm Kraft ein. Sie, die Frau, sind Shakti, Göttin der Empfängnis. Ihre Energie ruht am Beginn der Wirbelsäule, steigt auf durch den Körper und führt zu Wachstum. Wenn sich Shiva und Shakti vereinigen, verschmelzen Lingam und Yoni, steigt Shakti-Energie von der Erde zum Himmel, sinkt Shiva-Energie vom Himmel zur Erde. Ein Feuerwerk der Gefühle, das wir im Orgasmus spüren. Ein Urknall, in dem die Welt entsteht.

Wenn Sie die Probleme durchgearbeitet haben, die Ihre Partnerschaft behindern, wenn Sie gelernt haben, was Mann und Frau können müssen, wenn die Kinder geboren sind und das Haus gebaut ist, dann üben Sie die göttliche Liebe.

Setzen Sie sich einander gegenüber und meditieren Sie. Betrachten Sie Ihre Frau und spüren Sie, dass sie Shakti ist, die weibliche Gottheit. Betrachten Sie Ihren Mann und sehen Sie Shiva, den männlichen Gott. Lassen Sie alle irdischen Mängel beiseite und konzentrieren Sie sich auf das Gefühl der Liebe. Vielleicht müssen Sie das viele Male tun, bis sich himmlische Liebe einstellt. Dann vereinigen Sie sich. Energien tosen durch Becken und Rückgrat, weiten Ihr Herz, das sich mit dem Kosmos vereinigt. In diesem Moment sind Sie bei Ihrem Seelenpartner, der immer schon Ihr Partner war. Sie mussten nur seinen göttlichen Kern entdecken, um sich dessen sicher zu sein.

Teil VI: Trennen heißt loslassen

Sehnsucht nach dem Neubeginn

Wenn Sie in Ihrer Fantasie immer öfter daran denken, wie es in einer neuen Beziehung wäre, dann kommt die reale Scheidung als Möglichkeit, sich zu verändern, langsam näher. Soll man den Partner wirklich verlassen? Daran scheiden sich die Geister und man schwankt lange hin und her, aus persönlichen oder moralischen Bedenken. In jeder zweiten Ehe kommt es irgendwann doch zur Scheidung.

Man kann gegen Scheidungen wettern, wie man will, geschieden wird trotzdem, immer öfter, schneller, häufiger. Warum? Neue Beziehungen sind Jungbrunnen. Picasso suchte neue Lieben und bezog daraus die Kreativität, die ihn weltberühmt machte. Große Künstler heirateten junge Frauen und blieben dadurch jung. André Heller veränderte sein Leben wieder und wieder, beruflich wie privat. Exkanzler Schröder erschien bei jeder Wahl mit neuer Frau.

Süchtig nach Erneuerung? Am Anfang ist der Austausch am stärksten, die Energie am größten, die Euphorie am schönsten. Was spricht dagegen, sich dieses mehrfach zu gönnen? Manchmal ist man festgefahren in einer Rolle; der Partner will nicht, dass man sich ändert. Dies Kleid war bei der Hochzeit passend, man hat sich aber entwickelt, ist längst ein anderer Mensch. Die neuen Stärken bedrohen den Partner, er will sie nicht sehen, schon gar nicht fördern. Einst hat man sich einen gewählt, dessen Wesen damals passte. Heute kann man mit den alten Mustern nichts mehr anfangen, sondern bewundert das Gegenteil des ehemals Erwünschten.

Neue Wahl und neues Glück. Ein Neuer bringt Saiten zum Klingen, die man an sich noch gar nicht kennt, ergänzt uns auf andere Weise, ist fasziniert von dem, was wir heute sind. Nicht zuletzt ist Sex am schönsten, wenn es alles zu entdecken gilt.

Die alte Beziehung ist am Ende. Man hat seine Ziele erreicht, und was bleibt dann noch miteinander zu tun? Lieber das Leben loswerden, das mit der Ehe verknüpft ist. Ein bislang biederer Familienmensch, immer zu Hause, ohne Ansprüche, hält mit der Neuen alles für möglich, dynamisches Leben, Ausgehen, fantastische Experimente. Alles anders gestalten, Überholtes geht über Bord.

Man hat so vieles gelernt. Die zweite Ehe beginnt auf hohem Niveau, mit der Chance, dass sie weiter trägt.

Vorteile des Neubeginns

1. Der Neuanfang macht alles neu. Neues Haus, neuer Ort, neue Bekannte, neue Kinder, neue Hobbys. Man fängt von vorne an und ist wieder dreißig. Dies zwingt uns, Stärken zu entwickeln und hält uns in jeder Hinsicht fit.

2. Neue Partner schätzen uns, und das schätzen wir an ihnen. In den Gräben der Abwertung verschanzt, ist man hin und weg, wenn man bewundert wird, blüht auf unter der Anerkennung wie eine Primel im Wasser, fühlt sich wahrgenommen, wie man ist oder geworden ist, möchte darauf nicht mehr verzichten.

3. Endlich wieder erfüllte Sexualität.

4. Durch Scheidung wird man Verletzungen los. All die unverzeihlichen Kränkungen sind beim neuen Partner vergessen. Man weiß, worauf man achten muss. All das Schöne, das man erträumt, sich mühsam angeeignet hat, macht man beim Neuen gleich richtig.

Scheiden oder bleiben?

Niemand gibt eine Ehe leichtfertig auf. Dazu hat man meist zu viel investiert: Zeit, Geld, Engagement und Liebe. Wenn es keine Scheinehe war, um z.B. eine Staatsbürgerschaft zu ergattern, dann meint man es in der Regel ernst mit dem Versprechen von Liebe und Treue. Man knüpft alle Hoffnungen an diesen einen Menschen, will mit ihm glücklich und erfolgreich sein, eine Familie gründen, ein Haus bauen, Schönes erleben.

Es braucht viele Enttäuschungen und jahrelange Hoffnungslosigkeit, bis das Bild der glücklichen Familie langsam verblasst. Bis die Bilanz kommt, dass man mit diesem einst geliebten Menschen seinen Traum wohl doch nicht leben kann. Wenn der Traum von einer neuen Beziehung immer stärker wird, man sich immer öfter in andere verliebt, man von anderen all das bekommt, was der Partner vermissen lässt, dann ist es meist 5 vor 12 für den Erhalt der Ehe.

Aber man gibt immer noch nicht auf. Vielleicht ist die Krise ja heilsam, vielleicht kapiert der Partner jetzt endlich, worum es geht, worum es mir geht, worum es für uns geht. Eine Partnertherapie, die alten Wunden aufarbeiten, das empfehlen doch die Psychologen, vielleicht hilft es auch uns? Aber dann geht er nicht mit oder nur kurz und bricht dann gleich ab. Er will sich nicht ändern, kann sich nicht ändern. Dann muss ich etwas ändern. Denn so wie die letzten Jahre will ich nicht weiterleben, kann ich nicht weiterleben. Ohne Liebe, Gefühl, Anerkennung, Lob, Zärtlichkeit – wozu das Ganze, nur wegen der Kinder, wegen des Geldes, aus Pflichtgefühl? Nein danke.

Man probiert Neuland aus – eine Romanze, einen neuen Beruf, einen Ortswechsel, Zeit ohne den Partner – und fühlt sich so lebendig dabei. Könnte es nicht immer so schön sein? Aber darf man so egoistisch sein, darf man das den Kindern antun, darf man den Partner verlassen? Wenn man seinen Mann verlässt, fallen wahrscheinlich alle Verwandten über einen her und man ist die Böse, die sich nicht an ihr Versprechen hält.

Sie beginnen zu rechnen: Was setze ich alles aufs Spiel, wenn ich mich trenne? Was gebe ich auf? Hat das alte Leben nicht auch Gutes gebracht? Kann ich überhaupt ohne den Partner leben? Schaffe ich es, ohne sein Geld, ohne das Haus, ohne den alten Freundeskreis? Bleibe ich vielleicht ganz allein und finde nie wieder jemanden? Straft das Schicksal die Treulosen? Oder ist das Aberglaube, Gehirnwäsche der Kirche?

Selbst ist die Frau und selbst ist der Mann. Man darf sein Schicksal in die Hand nehmen und jeder ist seines Glückes Schmied. Viele Freunde haben es schon hinter sich. Die meisten sind in der zweiten Ehe glücklicher. Man ist reifer, hat dazugelernt, weiß jetzt, wie es richtig ist.

Kriterien der Trennung

1. Ihr ultimativer Beziehungstest zeigt ein negatives oder sehr negatives Ergebnis.

2. All Ihre Verbesserungsversuche sind mehr oder weniger gescheitert.

4. Sie empfinden bei allem Bemühen keine Liebe mehr für den Partner.

5. Das Zusammenleben mit dem Partner macht Sie krank und unglücklich.

6. Ihr Partner macht Sie aggressiv und es gibt nur mehr Streit.

7. Sie sind der Liebe Ihres Lebens begegnet.

Ihr Recht auf Glück

Sie müssen mit den Folgen Ihrer Entscheidung leben. Wenn es mit dem Liebhaber auch nicht klappt, die Kinder nicht mehr mit Ihnen reden, das Geld nicht reicht, dann werden die Spötter über Sie herfallen wie Hyänen. „Wir haben es dir doch gleich gesagt, wie konntest du nur, du bist verantwortungslos." Dann entscheiden Sie lieber gar nichts. Besser der Spatz in der Hand als das Liebesnest in den Wolken. Lieber das gewohnte Unglück, denn das hat man sicher.

Keine Entscheidung ist auch eine Entscheidung, oft die Entscheidung für das Unglück, das man nicht mehr aushält. Dann entscheidet der Körper, man wird krank, vielleicht sogar sehr.

Nichts gegen eine glückliche Ehe, in der bleibt man sowieso gern. Aber die Analyse der unglücklichen Ehen vergangener Zeiten lässt es nicht ratsam erscheinen, die Treue um jeden Preis durchzusetzen und durchzuhalten. Eltern, die sich nicht lieben, sind die Hauptursache für das Unglück ihrer Kinder. Lieblosigkeit pflanzt sich von Generation zu Generation fort wie eine Epidemie. Wenn man in Familienaufstellungen nach dem Grund für Liebesunfähigkeit sucht, dann findet man lieblose Eltern, lieblose Großeltern, lieblose Urgroßeltern. In vielen Familien gibt es seit 100 Jahren kein einziges Modell einer liebevollen Partnerschaft.

Kinder brauchen Liebe. Partner auch. Ohne Liebe ist alles nichts wert. Es hat also niemand etwas davon, wenn Sie weiterhin unglücklich sind. Ihr Ehepartner nicht, denn Sie können ihm keine Liebe mehr geben oder er kann mit Ihrer Liebe nichts anfangen. Sie selbst werden bitter und vertrocknet. Ihre Kinder werden Ihnen spätestens in der Pubertät Ihre schlechte Ehe vorhalten. Ihr Körper rebelliert. Ihre Seele verzweifelt.

Gudrun ist eine treue Frau, eine aufopfernde Mutter, eine perfekte Haushälterin. Ihr Mann verdient das Geld und alles hat seine Ordnung.
Leider ist Walter durch den Krieg und die Flucht seiner Familie aus dem Osten schwer traumatisiert. Manchmal dreht er voll durch und macht seine Frau dann fertig. In der Regel hält er sich unter Kontrolle, indem er ständig Gudrun kontrolliert und alles kritisiert, was sie tut.
„Er ist halt ein schwieriger Mensch", sagt die Schwiegermutter. „Das musst du verstehen. Aber er hat auch seine guten Seiten." Die hat er. Aber Gudrun spürt immer weniger davon. Ihr Alltag dreht sich darum, wie sie die Beschimpfungen Ihres Mannes aushalten und überstehen kann.

Aber sie hat ja Gerhard, den kleinen Sohn. Der ist so lieb und entschädigt für alles. So lebt Gudrun halt die nächsten zwanzig Jahre lang nur für ihn.

Als Gerhard erwachsen wird, löst er sich aus seiner Mutterbindung und besucht Gudrun kaum noch. Er hat ja jetzt Alissa, sein Ein und Alles, und die ist eindeutig gegen den Kontakt zu seinen zerstrittenen Eltern.

Jetzt ist Gudruns Leben sinnlos geworden, das Unglück bricht über ihr zusammen. Nach einem weiteren heftigen Streit mit ihrem Mann, fährt sie ins Wochenendhaus und schluckt wahllos Tabletten.

Ihr innerer Kompass

Bei aller Unsicherheit, die Sie überkommen mag, haben Sie einen Kompass, der Sie in die richtige Richtung führt. Der Kompass ist Ihr Herz. Und dieses spürt genau, was zu tun ist.

Wenn Sie zwischen Scheiden und Bleiben hin und hergerissen sind, machen Sie folgende **Übung**:

Sie führen ein Schiff auf stürmischer See. Rund um Sie gehen die Wogen hoch, die Brecher peitschen über die Reling. Sie haben den sicheren Hafen vor langer Zeit verlassen, das Funkgerät ist kaputt und auch der Kompass hat den Geist aufgegeben. Sie wissen nicht, wohin, und lange Zeit kann sich das Schiff im Sturm nicht mehr halten.

Sie spüren die Angst, dass alles aus ist und Sie mit Mann und Maus absaufen werden. Aber das werden Sie verhindern, denn noch sind Sie der Kapitän dieses Schiffes. Das Schiff Ihres Lebens, das auch bessere Zeiten erlebt hat.

Sie hören in sich hinein. Wenn die Instrumente nichts mehr taugen, dann muss sich ein Kapitän auf seine Erfahrung und sein Gefühl verlassen. Sie spüren Ihr Herz. Noch schlägt es und ist bereit, Ihnen zu helfen.

Sie entdecken, dass Ihr Herz der beste Kompass ist. Es weiß den Weg, so wie Zugvögel wissen, wohin Sie fliegen, weil sie sich am Magnetfeld der Erde orientieren. Ihr Herz orientiert sich am Magnetfeld der Intuition. Es spürt, wo der nächste rettende Hafen ist, in dem man den Sturm überstehen kann.

Ihre Hände führen das Ruder und führen aus, was das Herz Ihnen sagt. Sie halten den Kurs, den Sie segeln müssen, auch wenn Sie das Ziel noch nicht kennen. Sie wissen nur, dass das Herz den Hafen kennt.

Schließlich, zwischen Gischt und Nebel, sehen Sie einen Leuchtturm, dann die rettende Mole, fahren in das Hafenbecken, vertäuen Ihr Schiff.

Ihr Herz hat Sie gerettet. Sie gehen an Land und sehen sich um. Sind Sie in Ihrem Heimathafen gelandet oder in einem unbekannten neuen? Sie wissen nur eines: In diesem Hafen bleiben Sie, bis der Sturm sich gelegt hat. In diesem Hafen finden Sie Ihre Liebe, die schon lange auf Sie wartet.

Sind Sie bereit loszulassen?

Wenn Sie wissen, wo Sie landen wollen und entschieden haben, dass Sie einen neuen Hafen ansteuern, kommt die entscheidende Frage: Sind Sie wirklich bereit, Ihren Partner zu verlassen, ihn loszulassen? Viel mehr als die Moral entscheidet nämlich das Loslassen darüber, ob Ihre Scheidung gelingt und Sie danach glücklicher sind als vorher. Es geht ja darum, die Probleme loszuwerden, die man in der gescheiterten Ehe nicht mehr aushält. Wenn man den Partner aber nicht loslässt, geht die Streitbeziehung einfach vor Gericht weiter und macht einen noch unglücklicher. Viele trennen sich, denken dann doch dauernd an den Ex, schätzen dann wieder, was sie hatten, ziehen wieder zu Hause ein, sind wieder unglücklich, trennen sich erneut – ein ewiges Hin und Her. Das sollten Sie weder sich noch Ihrem Partner zumuten.

Bevor Sie eine Scheidungskrise anzetteln, sollten Sie sich daher sicher sein. Machen Sie folgende **Übung**:

Sie schließen die Augen und erinnern sich an Ihr gemeinsames Leben mit Ihrem Partner. Sie blicken aus der Vogelperspektive auf sich, auf ihn und auf Ihre Ehe. Sie denken an all die schönen Momente, an die Lust und die Freude, an das Erreichte, an das gemeinsame Lernen, die Urlaube, die Freunde, die lustigen Ereignisse. All dies ist das Land Ihrer freudvollen Ehe. Dieses verlassen Sie nun, denn Sie gehen in ein anderes Land. Nehmen Sie Abschied von jedem Baum und jedem Stein, jedem Menschen und jedem Erlebnis. Umarmen Sie alles ein letztes Mal und dann verlassen Sie diese Gegend.
Denken Sie nun an all die schlechten Momente, derentwegen Sie jetzt gehen wollen. Die Gemeinheiten, Gehässigkeiten, bösen Worte, Verletzungen, Lieblosigkeiten. Das ist das Land Ihrer leidvollen Ehe. Gehen Sie noch einmal zu jeder dieser Erinnerungen und nehmen Sie Abschied. Teilen Sie dem Hass und der Kränkung mit, dass Sie sie nicht mehr brauchen, sagen Sie Lebewohl, drehen Sie sich um und gehen Sie. Sagen Sie nun Ihrem Partner, dass Sie ihn verlassen werden. Teilen Sie ihm die Gründe mit, die Sie zu diesem Entschluss bewegen. Sagen Sie ihm, dass er nicht Schuld hat, dass Sie die guten Zeiten mit ihm geschätzt haben, dass diese nun aber zu Ende sind. Umarmen Sie ihn ein letztes Mal und verlassen Sie ihn, ohne sich umzudrehen.

Diese Übung erscheint Ihnen hart und so radikal wollen Sie auch wieder nicht sein? Aber Trennung ist hart. Es geht um Abschied. Man kann nicht gehen und gleichzeitig bleiben. Solange Sie dies in Gedanken nicht schaffen, sind Sie noch nicht so weit und werden von Ihrem Partner nicht loskommen. Vielleicht müssen Sie diese Übung viele Male machen und immer wieder überprüfen, ob Sie wirklich Abschied nehmen wollen. Sobald der Abschied in Ihrer Seele vollzogen ist, klappt er auch in der Realität.

Angst vor Rache und Gewalt

Wenn das alles so leicht wäre! Tschüss und ciao, ich wünsch dir alles Gute und du mir hoffentlich auch. Ich bin dann mal weg. Dann schlagen Sie den Lokalteil Ihrer Zeitung auf und schon erscheint Ihnen die Trennung nicht mehr so ratsam.

Verlassener Ehemann erschießt Frau und Kinder und richtet sich schließlich selbst.
Krieg um die Kinder: Polizei zerrt zwei Minderjährige aus dem Haus, da das Gericht die Obsorge dem anderen Elternteil zugesprochen hat.
Gewalttätiger Exmann dringt ins Frauenhaus ein und bedroht seine Gattin, die dorthin vor seinen Schlägen geflüchtet ist.
Arabischer Exmann entführt seine Kinder nach Jordanien. Nach dortigem Recht keine Chance, dass die Mutter die Kinder je wieder sieht.

Gott sei Dank sind nicht alle Männer gewalttätig. Aber die wenigen, die ihre Frauen schlagen und bedrohen, sind immer noch zu viele. Und schließlich, wie gut kennt man seinen Mann wirklich? Viele drehen erst durch, wenn sie verlassen werden. Dann aber gründlich.

Wenn man die Tageszeitung liest, kann einer Scheidungswilligen angst und bang werden. Nicht immer ist die Gewalt so offensichtlich. Ex-Partner lassen sich auch mit juristischen Mitteln trefflich quälen.

Mann fordert psychiatrisches Gutachten über seine Exfrau ein, wegen Verdachtes auf Schizophrenie.
Vater verlangt Obsorge für die Kinder, da Exfrau angeblich in einer Drogenhöhle lebt.
Frau bezichtigt ihren Exmann des sexuellen Missbrauchs an den Kindern.
Bank fordert 300.000 €, weil eine Geschiedene vor Jahren eine Bürgschaft für Ihren Exmann unterschrieben hat, der nun pleite ist.

Auch wenn Scheidungsrichter solch extreme Anschuldigungen meist nicht für bare Münze nehmen, lassen sich die kleinen Gehässigkeiten jahrelang fortführen, um der Ex oder dem Ex das Leben schwer zu machen. Der Unterhalt wird nicht bezahlt, da der Ex arbeitslos, unauffindbar oder „verarmt" ist. Das Besuchsrecht wird trotz gerichtlicher Anordnung boykottiert. Die Kinder werden gegen den bösen oder die böse Ex aufgehetzt.

Die Zeit der Scheidung ist oft eine schwierige. Aber aus Angst vor den Scheidungsfolgen im Unglück zu verharren geht auch nicht. Besser, man geht mit seinen Ängsten um und trägt die Konflikte aus, bis wieder Ruhe einkehrt.

Schutz vor Scheidungsschäden

1. Machen Sie eine Mediation oder Scheidungstherapie, wo die Aggressionen in geordnete Bahnen gelenkt und trotz allem vernünftige Vereinbarungen erzielt werden können.

2. Suchen Sie sich einen erfahrenen Scheidungsanwalt Ihres Vertrauens, um nicht aus Unwissenheit in juristische Fallen zu tappen.

3. Bringen Sie jede gefährliche Drohung zur Anzeige. Rufen Sie die Polizei, wenn Sie sich bedroht fühlen.

4. Machen Sie einen Selbstverteidigungskurs, wenn Sie Angst haben. Dort werden Ihnen wenige, aber wirksame Griffe beigebracht, mit denen Sie sich vor tätlichen Angriffen schützen können.

5. Zerstören Sie nichts aus Rache oder Wut, vor allem nicht das Verhältnis zu den Kindern und den gemeinsamen Besitz. Wenn Ihr Ex dies tut, machen Sie ihm klar, dass er dabei nur selbst verliert. (Ihr Anwalt kann ihm das vorrechnen, wenn der Ex nicht mehr auf Sie hört.)

Alles endet

Ihre Beziehung ist zu Ende. Ihre Frau will Sie verlassen, hat einen anderen. Alle Versuche, die Ehe zu kitten, sind gescheitert, selbst der Paartherapeut gibt auf.

Sie werden nicht gern verlassen. Das hatten wir doch schon viel zu oft. Wie kommt diese Frau nur auf die Idee, alles hinzuschmeißen, für wertlos zu erklären? Haben Sie nicht alles gemacht, was Ihre anspruchsvolle Gattin wollte? Teure Geschenke, Urlaube, Haushalt, halbe-halbe, all das hat nichts genutzt. Jetzt ist sie weg. Und Sie sind allein.

Sie hadern mit Ihrem Schicksal. Warum haben die andern Glück und Sie immer Pech? Jetzt können Sie auch noch Unterhalt zahlen und wollen die Trennung doch gar nicht. Diese unvernünftige Kuh! Lebt nur ihre Neurosen aus. Fällt auf den erstbesten Schönling herein. Schöne Augen und flinke Finger, das ist alles, was der hat. Macht andere unglücklich, weil er nicht kapiert, wie Ehe funktioniert. Reden mit der Frau nutzt auch nichts. Appelle an die Vernunft verpuffen. Sie will ja unvernünftig sein, Hormone lähmen ihr das Hirn. Mein Gott, sie setzt wirklich alles aufs Spiel. Wenn Dummheit wehtäte, würde sie schreien bei Tag und bei Nacht. Aber die kommt schon zurück, wenn sie erst eingesehen hat, was sie sich da eingehandelt hat. Der Rivale kann mir doch nicht das Wasser reichen. Das Gute setzt sich durch. Und scheiden lass ich mich noch lange nicht.

Sie haben Ihren Mann verlassen. Jahre haben Sie überlegt, gebettelt, gefleht, an sein Herz appelliert. Aber er wollte ja nicht verstehen. Seine Welt war in Ordnung, solange Frau funktionierte. Die Hemden gebügelt, das Essen gekocht, das Bett gemacht für die eheliche Pflicht. Sie konnten schon lange nicht mehr. Die seelische Verbindung war abgestorben, Verständnis ein Fremdwort und kein Gespräch möglich. Vorwürfe, Missverstehen: „Was hast du denn bloß, wir haben doch alles. Bist du mit gar nichts zufrieden?" Er ist doch längst selbst gegangen. Die heimlichen Affären, gut getarnt, dreiste Lügen, seit Jahren schon. Wer braucht eine Geliebte, solange die Liebe stimmt? Aber sie stimmt ja schon lang nicht mehr, das spürt auch er. „Willst du wirklich alles aufs Spiel setzen, alles, was wir aufgebaut haben?" Das haben Sie sich lange gefragt und tapfer durchgehalten. Eine Wüstenblume ist auch bei Trockenheit schön, aber wenn die Dürre anhält, blüht sie nicht mehr. Sie sind schon lange verblüht, verdorrt, verbittert, abgestorben. So wollen Sie Frausein nicht leben.

Wer sich selbst treu ist, kann nicht allen anderen treu sein. Wenn Ehe zur Selbstaufgabe führt, dann hat sie ihren Sinn verloren. Dann ist es Zeit für das Ende.

Alles endet, auch jede Beziehung. Das war schon immer so. Liebe stirbt irgendwann, weil alle Menschen sterben. Die ewige Liebe gibt's im Himmel, aber auch das weiß niemand so genau. Auch geschieden wurde immer schon.

Ich will leben, nicht überleben. Und wenn es mit dem Partner kein Leben mehr ist, soll er gehen, bevor noch mehr Schaden entsteht.

Der Schock des Verlassenwerdens

1. Drehen Sie nicht durch, wenn Ihr Partner von Scheidung spricht. Das würde Ihnen später leidtun und vor Gericht gegen Sie verwendet werden. Fragen Sie nach den Gründen, überlegen Sie, wie Sie den Partner doch halten können, gehen Sie auf ein Bier, reden Sie mit Freunden, ziehen Sie sich zurück, bis der erste Schreck vorbei ist.

2. Nehmen Sie nicht die Schuld auf sich. Dass eine Liebe stirbt, kann tausend Gründe haben.

3. Sehen Sie das Ende einer Beziehung nicht als Scheitern, sondern eben als Ende, das zum Leben gehört. Solange Ihre Ehe dauerte, hatte sie auch ihren Sinn. Was Sie gemeinsam aufgebaut haben, verschwindet nicht.

4. Machen Sie nicht aus Rache alles schlecht, was gut war. Damit schneiden Sie sich nur ins eigene Fleisch.

5. Übernehmen Sie Verantwortung für die Grenzen Ihrer Beziehung. Bei manchem, was sich der Partner wünscht, können und wollen Sie nicht mitmachen. Das ist Ihr gutes Recht, aber eben auch der Grund dafür, dass sich Ihre Wege trennen.

6. Entscheiden Sie selbst, ob Sie den Partner doch noch halten wollen. Wenn ja, tun Sie alles, um die Scheidungsgründe aus dem Weg zu räumen. Wenn Sie es damit wirklich ernst meinen, haben Sie vielleicht noch eine Chance.

7. Wenn alles nichts mehr hilft, akzeptieren Sie die Trennung als Faktum, aber auch als Chance für Sie selbst. Auch Sie dürfen sich nun neu verlieben und neu beginnen. In einigen Jahren sind Sie dem Schicksal vielleicht dankbar dafür.

Eine bewusste Entscheidung

Ehen sind angelegt für zehn bis zwanzig Jahre. So lange dauert es, die Kinder zu erziehen. Länger hielten sie auch früher kaum, denn mit vierzig war meist einer tot. Der oder die Verwitwete heiratete erneut. Mozarts Söhne lebten in einer Patchwork-Familie, weil Mozart mit 35 starb. Constanze Mozart, Georg v. Nissen und Amadeus Junior – gar nicht viel anders als heute. Man brauchte keinen Scheidungsrichter, weil Gott die Scheidung vollzog.

Das hat sich geändert. Scheidung passiert nicht mehr durch das Schicksal, denn wir leben doppelt so lang wie früher. Es braucht eine bewusste Entscheidung, ob wir scheiden oder bleiben.

Wer die Trennung will, ist der Sündenbock. Lieben oder lassen, wir könnten beides. So oder so, wir tragen Verantwortung, für unser Leben und für das des Partners. Wenn einer zur neuen Liebe geht, dann ist er verfemt. Treulos, verrucht und ohne Moral, wer verlässt, ist ein böser Mensch. Der Verlassene ist gekränkt, das kann man verstehen, es ging einem selber so. Die Kränkung schlägt um in blanken Hass, in Rache und Vernichtungskrieg. All das riskiert derjenige, der geht.

Deswegen haben Sie lang überlegt, es sich nicht leicht gemacht. Sie zogen immer wieder Bilanz, und diese war immer im Minus. Sie versuchten zu ändern, was zu ändern geht, aber der andere zog nicht mit. Ein System, das nicht zu ändern ist und einen unglücklich macht, kann man nur mehr verlassen.

Nach zwanzig Jahren haben Eva und Ralf es geschafft. Alles, was schwierig war, ist überstanden. Die Kinder sind volljährig und studieren, Oma und Opa sind in die Grenzen gewiesen, das Haus ist umgebaut, die Karrieren sind gut im Laufen. Jetzt könnten die beiden endlich das Leben genießen.
Aber Eva will nicht mehr. Das Zusammenleben mit den Schwiegereltern hat sie immer mehr zermürbt. Ralf hat sie damit alleingelassen, war immer beruflich unterwegs. Die Hoffnung, dass der Tod alles einfacher macht, scheint sich nicht zu erfüllen, denn in Ralfs Familie werden alle steinalt.
Eva verliebt sich in Christoph und zieht zu ihm. Ralfs Appelle verhallen ungehört. Evas Entschluss ist unumkehrbar und stand wohl schon seit Jahren fest.
Ralf will nicht unglücklich, nicht der Verlassene sein. So lässt er Eva los, sucht sich eine neue Liebe und findet seine Marion. Bald geht es ihm besser als je zuvor.

Der Kampf

„Aber war denn wirklich alles schlecht, was wir miteinander hatten? Das kann doch nicht alles verschwunden sein. Gib es zu, du liebst mich noch immer."
„Es ist vorbei, versteh das doch, es gibt nichts mehr zu retten."
„Ich tu alles, was du nur willst. Machen wir eine Paartherapie!"
„Das haben wir doch schon dreimal probiert und dreimal hast du verweigert."
„Na ja, ich dachte, es ginge auch so. Aber jetzt, jetzt wird sich alles ändern, ich versprech's, du musst es mir glauben."

Der Partner begreift, dass es Ihnen ernst ist, und begreift doch nicht, was geschieht. Die Diskussionen gehen hin und her. Soll man deutlicher werden, damit er endlich freiwillig geht?

„Du hast mich verletzt, verlassen, gekränkt, versteh doch, ich liebe dich nicht mehr."
„Du bist es doch, die nicht lieben kann, du hast dich so verschlossen. Ich lieb dich
wie am ersten Tag, ich hab dich auf Händen getragen. Und das ist der Dank!
Nimmst dir einen Lover, statt mir noch einmal eine Chance zu geben."
„Na hör mal, das glaubst du doch selber nicht. Von wegen auf Händen. Du hast
mich doch längst fallen gelassen und lügst mich schon lange an."
„Das war doch nichts Ernstes, das tut ein Mann halt, wenn er zu Hause keine
Liebe bekommt. Hat nichts zu bedeuten, ist längst vorbei. Meine Frau bist du,
und das bleibt auch so. Komm bitte endlich zur Vernunft."
„Mein lieber Freund, du checkst es nicht. Es hat keinen Sinn mehr zu reden."
„Aber Reden war doch immer dein Ding, du konntest nie genug davon kriegen.
Jetzt bin ich da und rede mit dir und du bist die, die flüchtet. Also wirf mir nicht
die Vergangenheit vor, du weißt, ich bin kein Redner. War ich nie, das wusstest
du und wolltest mich trotzdem haben."
„Aber ich will dich nicht mehr, begreif es endlich, wie oft soll ich es noch sagen?
Soll ich schreien, toben, Geschirr zerschlagen, damit du es endlich kapierst?"

Scheiden tut weh. Vor allem, wenn einer will und einer nicht. Das führt zur Eskalation. Die vielen Diskussionen bringen nichts, die Wut wird nur größer. Wenn die Beziehung endet, geht vieles kaputt, nicht nur das gemeinsame Leben.

Und dennoch muss das Reden sein, die Wut, der Schmerz, die Beschuldigung. Entscheidung geht nicht an einem Tag, sie braucht Zeit und ist ein langer Prozess. Wir sind in vielem heillos verstrickt, als wären wir mit Knoten aneinandergeknüpft. Jeder einzelne will entbunden sein, entknotet und langsam gelöst. Schritt für Schritt, Punkt für Punkt, Thema für Thema.

Den Partner zu verlieren ist ein Trauerprozess, als würde einer sterben. Trauer braucht ein ganzes Jahr, bis die Wunden wieder heilen. Das Trauerjahr war nicht das Schlechteste, die Zeit sollte man sich geben.

Sich auseinandersetzen

1. Streiten Sie sachlich. Führen Sie alle Gründe an, die Sie zum Gehen bewegen. Legen Sie die Unterschiede auf den Tisch, die ein weiteres Zusammenleben nicht mehr sinnvoll erscheinen lassen.

2. Beschuldigen Sie nicht, machen Sie den Partner nicht schlecht. Lassen Sie ihm seinen Wert und seine guten Eigenschaften, dann verliert er nicht sein Gesicht, wenn Sie gehen.

3. Schreien Sie die Emotionen hinaus, schlagen Sie auf einen Polster, heulen Sie sich aus, tun Sie, was immer Ihnen hilft, den Druck loszuwerden, der durch die Trennung entsteht. Und wenn Sie wieder klar denken können, treffen Sie die nötigen Entscheidungen, um Ihr Leben umzustellen.

4. Machen Sie ein Selbsterfahrungsseminar, um zur Ruhe zu kommen und die Gründe der Trennung zu begreifen. Was ist Ihr Anteil, was der Ihres Partners?

Trauer

Sich trennen dauert ein Jahr. Kriege, Verzweiflung, Hader und Hass, all das lässt sich nicht vermeiden. Abschied nehmen lernt man nicht. Wir leugnen den Tod und leugnen das Ende, darum wird das alles so schwer.

Elisabeth Kübler-Ross hat entdeckt, dass Sterben vier Phasen hat. Ähnlich verläuft die Scheidung:

1. Man will es nicht wahrhaben
2. Wut
3. Trauer
4. Abschied

Wenn lange gestritten wurde, die Fetzen geflogen sind, der Anwalt beauftragt, die Wohnung geräumt und die Schuld verteilt ist, dann werden wir irgendwann müde. Die Wut frisst uns auf, und das wollen wir nicht; möge endlich alles ein Ende haben.

Dann kommt die Trauer um das, was verloren wurde. Jahre in die Beziehung gesteckt, die waren scheinbar umsonst. Arbeit, Kinder, schöne Stunden, Gespräche und so viel Kampf. Und jetzt ist alles vorbei. Das kränkt.

Wenn es wehtut, dürfen wir weinen. Um all die Versuche, Liebe zu bekommen und Liebe zu geben. Um all die Enttäuschungen, um alles, was nicht gelungen ist. Trauer ist die andere Seite der Liebe. Wenn wir heftig trauern, merken wir, wie sehr wir einander liebten. Der verhasste Partner war der wichtigste Mensch, und wichtig ist er noch immer. Er lässt uns alles andere als kalt. Vieles, was wir heute verteufeln, haben wir einst an ihm geliebt. Wenn wir immer noch lieben, was wir nicht mehr haben können, dann ist es umso trauriger.

Das schlimmste Missverständnis der Verlassenen: Wenn mein engster Partner mich nicht mehr haben will, dann bin ich wohl nichts mehr wert. Deshalb wehren wir uns und schlagen zurück, um nicht blamiert zu sein. Aber das heißt es nicht. Nur muss ich meinen Wert jetzt aus mir selber beziehen und nicht mehr aus dem Lob des Partners. Gleich, was der Ex mir vorgeworfen hat, ich weiß, was ich an mir habe.

Viele Jahre lang hat man vom Partner Wertvolles bekommen. Wenn man dies wieder sehen kann, hilft das, ihm seinen Wert zurückzugeben. Vielleicht gibt man wertvolle Sachen zurück, die dafür Symbole sind. „Du bist gut, das weiß ich, das bleibt auch so. Aber ich kann dein Gut nicht mehr nehmen."

Wenn Sie sich schwer tun, den Partner loszulassen, machen Sie folgende **Übung**:

Sie sehen vor Ihrem inneren Auge sich selbst und Ihren Partner. Ihr Partner will Sie verlassen, wendet sich von Ihnen ab. Sie halten ihn fest, krallen sich mit beiden Händen in seinem Hemd fest, versuchen, ihn zurückzuhalten und zurück in die gemeinsame Wohnung zu zerren. Er wehrt sich und versucht, Sie wegzustoßen. Sie ringen miteinander und liegen schließlich erschöpft miteinander am Boden. Er steht auf, weil er endlich gehen will. Sie krallen sich noch einmal fest und begreifen schließlich, dass dies sinnlos ist. Sie krallen ein letztes Mal beide Hände zu Fäusten, so fest, dass Ihnen alle Finger wehtun. Dann lassen Sie ganz langsam, unendlich langsam los. In Zeitlupe öffnen sich Ihre Fäuste, und die Finger strecken und entspannen sich. Langsam werden die Hände locker und leicht. Sie spüren, wie dies Ihren Gelenken guttut und genießen die Entspannung in Ihren Handflächen.

Machen Sie diese Übung immer wieder, sooft der Trennungsschmerz Sie überfällt. Zuerst ballen Sie die Fäuste ganz fest und ziehen in Gedanken den Ex zu sich heran. Dann lassen Sie ihn los und entspannen die Finger. Machen Sie dies zehnmal hintereinander, wenn nötig. Nehmen Sie das Loslassen immer stärker wahr, bis die Hände ganz entspannt sind und der Klammerreflex aufhört.

Die Wunde heilen lassen

1. Vielleicht können wir gemeinsam weinen um das, was war. Das würde uns helfen, unsere Seelen zu heilen. Auch wenn es zu Ende ist, die Erinnerung ist dennoch schön. Auch wenn es nicht weitergeht, war's nicht umsonst. Was wir geschaffen haben, es bleibt, und wenn es nur die Kinder sind. Wir sollten es nicht zerstören.

2. Wenn die Trennung feststeht, wird es leichter, die Vergangenheit gut sein zu lassen. Ja, wir hatten heißen Sex, auch wenn der irgendwann eingeschlafen ist. Ja, wir hatten große Pläne, auch wenn sich die verändert haben. Ja, wir gingen einen gemeinsamen Weg, auch wenn unsere Wege sich nun trennen.

3. Wenn wir anerkennen, was war, geben wir dem Partner seinen Wert zurück. Er ist kein Bösewicht, denn dann hätten wir uns nie in ihn verliebt. Wenn wir ihn gut sein lassen, auch wenn wir ihn nicht mehr wollen, dann heilt die schlimmste Kränkung: dass wir uns durch die Trennung abgewertet fühlen.

Loslassen

Irgendwann kommt der Moment, wo wir uns in die Trennung fügen. Sie hat mich verlassen, er hat mich verlassen, ich wollte es nicht und komm doch nicht dagegen an.

Man spürt das Ende, wenn es naht, bei Sterbenden und bei Liebenden. Der Sterbende wählt seine Schicksalsstunde, dann ist er bereit zu gehen. Wenn die Liebe gestorben ist, geht es uns ähnlich. Wenn nichts mehr nutzt, wir alles versucht haben, dann fügen wir uns und akzeptieren. Wir sehnen das Ende herbei. Lass den Schmerz vorbei sein, erlöse uns von der Wut.

Abschied nehmen ist ein Teil des Lebens, er kommt immer wieder auf uns zu. Wir trennen uns bei der Geburt vom Körper der Mutter, verlassen später das Elternhaus, trennen uns von Schule und Lehrherrn, von vielen Arbeitsplätzen, von Freunden, Toten, Jugendlieben. Verlassen gehört dazu. Abschiednehmen ist gar nicht so schwer, wenn man erst Übung darin hat. Rituale helfen, wir segnen den anderen. Dann drehen wir uns um und gehen.

Entheiraten sollte zelebriert werden, genauso wie eine Hochzeit. Dazu folgende **Übung**:

> *Sagen Sie noch einmal, was Sie versprochen, und geben Sie die Versprechen zurück.*
> *Werfen Sie die Ringe in einen Fluss oder geben Sie sie einander zurück.*
> *Jeder kauft ein rotes Stoffherz oder ein Lebkuchenherz vom Jahrmarkt. Dann gibt man sich die Herzen zurück, die man sich einst geschenkt hat.*
> *Man umarmt sich noch einmal und spürt die Energie. Dann gibt man sich die Energie zurück und schließt die Pforten der Liebe.*
> *Dann lassen Sie den Partner los, lassen ihn los für immer.*

Sie legen die Hand auf die Stirn des Ex und geben ihm Ihren Segen. Auch er
segnet Sie und nun sind sie frei.
Sie drehen sich um und gehen.
Sie schauen noch einmal zurück und winken zum Abschied.
Dann gehen Sie ganz und verlassen ihn.

Wenn es Ihnen unmöglich erscheint, diese Übung mit Ihrem (Ex-)Partner durchzu-
führen, dann gehen Sie dieses Ritual für sich in Gedanken durch. Vielleicht können
Sie zumindest einen Teil des Rituals tatsächlich abhalten, z.B. die Ringe gemeinsam
in einen Fluss werfen oder ein Lebkuchenherz zurückschenken. Vollziehen Sie den
Rest still für sich.

Abstand

Jetzt sind Sie allein, und das wollten Sie ja. Nun stehen Sie auch dazu. Nach dem Ringen, dem Reden, dem Kämpfen, dem Weinen gönnen Sie sich etwas Ruhe. Lassen Sie
auch Ihren Ex in Ruhe, sonst beginnt der Streit von neuem. Es ist alles gesagt, jeder hat
seine Meinung, Sie können ihn nicht überzeugen. Sie sind getrennt, und das ist auch
gut, denn Trennung ist ein neuer Anfang. Wenn sich eine Zelle teilt, dann werden
es zwei, so vervielfältigt sich das Leben. So ist es nun auch mit Ihnen und Ihrem Ex.

Gönnen Sie sich die Ruhe lange, so lange wie Sie diese brauchen. Genießen Sie Ihre
eigene Wohnung, Sie sind ungestört und müssen sich an niemanden anpassen.
Sie errichten Ihre eigene Welt, den Keim für das, was kommt.

Spüren Sie Ihren eigenen Atem, die eigenen Gedanken, das eigene Selbst. Das,
was Sie waren, bevor Sie begannen, Kompromisse zu schließen. Jetzt sind Sie frei,
wieder so zu sein, wie es Ihnen wirklich entspricht.

Manchmal noch kommt die Trauer hoch und manchmal auch die Wut. Lassen Sie
beides vorüberziehen, steigen Sie nicht erneut in den Ring. Und wenn der Ex auch
noch so blöd ist – deswegen haben Sie ihn ja verlassen. Jetzt sind Sie ihn los, und
das ist gut. Stehen Sie zu Ihrer Entscheidung.

Nehmen Sie auch die Liebe zurück, die Sie lange vergebens verschenkt haben.
Bewahren Sie diese in Ihrem Herzen. Dann wird das Herz wieder heil.

Fürchten Sie sich nicht vor der Einsamkeit, denn bei sich selbst sein, das ist gut.
Wenn die Angst verschwindet, landen Sie bei Ihrem innersten Punkt. Dort ist alle

Kraft vorhanden, von dort kommt die Energie, alles neu zu bauen. Wenn Ihnen die Decke auf den Kopf fällt, treffen Sie Freunde, gehen Sie aus. Neue Menschen warten auf Sie, neue Projekte, neues Erleben.

Sehen Sie den Ex mit seiner Freundin, spüren Sie Bitterkeit. Lassen Sie auch diese vergehen, denn das geht Sie jetzt nichts mehr an. „Jetzt kann sich die mit seinen Macken rumschlagen", stellen Sie erleichtert fest. „Ich will ihn nicht mehr, sie kann ihn gern haben; sollen sie sehen, wie sie glücklich werden. Viel Spaß dabei. Ich bin mein eigener Herr, meine eigene Frau. Was kann es Besseres geben?"

Manche Geschiedene bleiben allein, vor allem ältere Frauen. Besser lebt es sich ohne Mann, man hat weniger Wäsche zu waschen. Und alle Zeit der Welt für sich selbst, die schenkt man nie wieder her.

Robert ist schwer getroffen, als Anita ihn verlässt. Noch dazu mit einem viel älteren Mann. Was findet sie nur an dem? Hat wohl mehr Geld, das kennt man ja, sie lässt sich gern verwöhnen. Karriere war Robert nie so wichtig, das hat er nun davon. Wenn er Anita zufällig mit ihrem Herrn Professor sieht, dann tut das einfach zu weh. Er muss auf andere Gedanken kommen. So nimmt er sich eine Auszeit und pilgert auf dem Jakobsweg. Nicht unbedingt aus religiösen Gründen, aber das Wandern beruhigt ihn. Der Weg nach Santiago ist ein Weg zu seinem Selbst. Es schmerzt immer noch, dass er Anita verloren hat. Als er aber merkt, wie sehr er sich selbst gewinnt und sein eigenes Leben zurückerhält, kommt er langsam wieder ins Lot.

Deine, meine, unsere Kinder

In einem bleiben Sie verbunden: wenn Sie gemeinsame Kinder haben. Trennen kann man sich vom Partner, aber nicht von den Kindern. Das wird versucht, geht aber schief, denn verschwundene Eltern schmerzen.

Die Kinder dem anderen wegzunehmen, ist eine beliebte Waffe. Der andere war böse, tut den Kleinen nicht gut, man kann sie ihm nicht überlassen. Drum macht man ihn schlecht, schimpft über ihn und lässt Besuche nicht zu. Dann werden die Kinder die Opfer des Krieges und der Krieg geht sinnlos weiter. Man streitet um Geld und Sorgerecht, nimmt sich gegenseitig die Kinder per Gerichtsentscheid oder entführt sie gleich.

Genügt es nicht, dass man selbst verletzt wurde, müssen auch noch die Kinder bluten? Kinder brauchen Mutter und Vater, in der Regel lieben sie beide. Sie lernen, in getrennten Wohnungen zu leben, akzeptieren, wenn die Eltern sich nicht mehr lieben. Einen der beiden ganz zu verlieren, das verkraften sie nicht oder schlecht. Aber der Vater war ja auch früher nicht da, das Kind kennt ihn nicht und braucht ihn nicht. Der Sohn hält lange zur Mutter. Dann wächst er heran, wird zum Mann und es fehlt ihm das männliche Vorbild. Soll er so böse werden, wie der Vater beschrieben wird oder gar kein Mann – was dann? Vaterlose Söhne haben ein Problem und machen deshalb Probleme. Vaterlose Töchter ebenfalls, denn wie sollen sie lernen zu lieben? Wenn der, den man liebt, verteufelt ist, gerät man an männliche Teufel. Die Männer sind böse wie Papa, warum hab ich Pech in der Liebe?

Dass Sie auf den Ex verzichten können, heißt nicht, dass dieser Verzicht auch gut für Ihre Kinder ist. Lassen Sie ihnen beide Eltern und lassen Sie beide gut sein.

Es sind meine Kinder.
Es sind deine Kinder.
Es sind immer noch unsere Kinder.

Bleiben Sie die Eltern

1. Trennen Sie Partner- von Elternschaft. Wer ein schlechter Partner war, kann doch ein guter Vater sein. Und was nicht ist, das kann noch werden. Die Kinder suchen sich ihren Weg mit dem Vater und auch mit der Mutter. Dann tun sich verschiedene Wege auf und daraus werden sie lernen. Sie suchen sich das Beste aus, von seinem und ihrem Modell.

2. Bekämpfen Sie nicht den Partner in Ihrem Kind. Und wenn Sie den Ex auch noch so hassen, ein Stück von ihm ist in Ihrem Kind. Ein abschätziges „Du bist wie deine Mutter!" ist auch nicht hilfreich. Dann hassen Sie das halbe Kind und bekämpfen diese falsche Hälfte. In der Pubertät kämpft das Kind dann heftig zurück. Das sollten Sie sich ersparen.

3. Zählen Sie auf die Heilung durch Zeit. Alles findet sich mit den Jahren. Lassen Sie dem Kind seinen eigenen Weg mit beiden Eltern.

4. Streiten Sie nicht mehr um die Erziehung. Der Ex hat seinen Stil mit dem Kind und Sie haben Ihren. Sie haben das gemeinsame Familienleben beendet, also fordern Sie nicht eine Gemeinsamkeit ein, die es einfach nicht gibt. Hätten Sie eine gemeinsame Erziehungslinie geschafft, dann wären Sie wohl noch zusammen.

Mit leichtem Gepäck

Lange schleppen Sie vieles mit, was zurück in die Vergangenheit zieht. Der Vater holt die Kinder ab und Sie könnten ihn wieder erwürgen. Sein blöder Zynismus, sein böser Blick, seine Art zu schweigen, sich gefühllos zu geben. Geht die mir auf die Nerven, denkt sich der. Noch immer kann ich ihr nichts recht machen. Gehe ich mit den Kleinen auf den Spielplatz, beschwert sie sich über die dreckigen Hosen, gebe ich ihnen Pommes, vergifte ich sie mit schlechten Fettsäuren.

Nein, das verkraften Sie immer noch nicht. Sie verbannen den Expartner aus Ihrem Leben. Schauen Sie nicht hin. Steigen Sie nicht ein in den alten Ehewagen. Sie haben ihn verlassen. Bleiben Sie sich treu und stehen Sie dazu. Das geht Sie nichts mehr an.

Als Sie ausgezogen sind, packten Sie die Koffer und nahmen sie mit. Sie packten die Sachen in Ihrer Wohnung aus und alle waren mit Ihrem Ex behaftet. Jeder Teller, jedes Kleidungsstück erinnert an alte Zeiten. Damit waren wir auf Urlaub, darauf liebten wir uns, das hab ich ihm nachgeschmissen. Und dieses Geschenk zum Hochzeitstag, auf das hätte ich am liebsten geschissen.

Behalten Sie nur, was Freude macht und was in die Zukunft führt. Lassen Sie ihm, was er haben will, das sind Sie dann alles los. Schenken Sie her, was Sie nicht mehr brauchen, das kann Sie nicht mehr belasten. Kaufen Sie neue Dinge ein, die ohne Vergangenheit sind. Sortieren Sie die Koffer immer wieder aus und schmeißen Sie Schlechtes weg. Was Sie nicht schätzen, landet im Keller und wird dort nur langsam verrotten.

Misten Sie auch Ihr Verhalten aus, die Gefühle und Ihre Gedanken. Was wehtat, was schlecht war, führen Sie es nicht fort, sonst haben Sie umsonst verlassen. Die Probleme, die in den Koffern bleiben, die holen Sie wieder ein. Was Sie festhalten, dem entkommen Sie nicht, gleich ob zu zweit oder allein.

Als Sie sich trennten, war dies der Beginn einer Reise, die Sie zum Ziel Ihres Lebens führt. Ohne Gepäck geht die Reise nicht, aber schleppen Sie nicht zu schwer. Nur Nützliches bleibt in dem Koffer drin. Man kann vieles haben und braucht es doch nicht. Sie sind nicht ihr eigener Kuli. Besser Sie reisen mit leichtem Gepäck. Dann gehen Sie aufrecht und stolz.

Wenn Sie noch vieles aus der alten Beziehung belastet, machen Sie folgende **Übung**:

Nehmen Sie die zwei größten Koffer, die Sie haben, und füllen Sie diese mit altem Gerümpel, das aus der Zeit Ihrer Beziehung übrig geblieben ist. Bücher, die Sie ihm am liebsten auf den Kopf schmeißen würden, Geschirr, das sie gern zerschlagen möchten, Fotoalben, die sie am liebsten zerreißen würden. Quetschen Sie alles in die Koffer hinein, bis diese fast nicht mehr zugehen, setzen Sie sich darauf und drücken Sie alles fest. Dann tragen Sie die Koffer um Ihren Häuserblock, einmal, zweimal, dreimal, bis Sie nicht mehr können, Ihnen alle Gelenke wehtun und die Nachbarn fragen, was Sie da eigentlich machen. Das fragen Sie sich dann auch selbst: „Bin ich ein Trottel, dass ich das alte Zeug mit mir herumschleppe?" Dann bringen Sie die zwei Koffer auf den Recyclinghof, zerbrechen genüsslich die Gläser im Glascontainer, zerreißen die Bücher über dem Papiercontainer und pfeffern den Rest in den Restmüll. Danach gehen Sie mit den leeren Koffern noch einmal um den Häuserblock und genießen die Leichtigkeit Ihres neuen Lebens. Wenn dann die Nachbarn nochmal blöd fragen, antworten Sie: „Ich übe den aufrechten Gang." Wenn die Nachbarn sich nun gar nicht mehr auskennen, genießen Sie auch das.

Das Herz liebt weiter

Sie haben geliebt und lieben nicht mehr, doch Ihr Herz ist voller Liebe. Sie schenken es nicht mehr so leicht her, vor allem an keine Diebe.

Und doch geschieht es, ob schnell, ob langsam, Sie werden sich wieder verlieben. Misstrauisch zwar, mit kritischem Blick, mit Vorsicht und viel Erfahrung. Doch was soll's, Verletzungen hin oder her, Ihr Herz braucht neue Nahrung. Und wieder schauen Sie in eine Seele, die der Ihren so nahe ist. Viel näher noch als alles, was war. Ihre Brust, sie öffnet sich wieder. Älter geworden, reif und gewitzt, wissen Sie jetzt, was Sie wollen. Wer Sie haben will, bekommt Sie nicht gleich, erst prüfen Sie seine Motive. Er muss sich einlassen auf das, was Sie sind, Ihre Stärken und Ihre Gefühle. Ihre Grenzen kennen Sie jetzt genau und können Sie leicht erklären. Sie gleichen einer Burg mit dickem Tor. Wer freundlich ist und liebend anklopft, darf eintreten.

Und eines Tages wissen Sie: Das ist der Richtige, der wird mein. Die Liebe geht und die Liebe kommt. Es kann von neuem beginnen.

Nachwort

Das Geheimnis alter Paare

Ob Sie sich nun für den alten oder einen neuen Partner entscheiden – wenn Sie auf Ihr Herz hören, werden Sie eines Tages das Geheimnis alter Paare entdecken und selbst ein solches sein.

Die Liebe alter Paare ist wie reifer Wein. Weinkenner lieben den alten Wein. Je reifer, desto besser. Der junge Sturm schmeckt rassig erfrischend, der lang gelagerte unvergleichlich. Zwei Jahre liegt die Flasche im Keller, bevor sie geöffnet wird. Es können auch fünf oder zehn sein. Die besten bewahrt man sich noch länger auf. Die edelsten Tropfen vergangener Jahrzehnte erzielen astronomische Preise.

Ist es mit der Liebe nicht ähnlich? Muss nicht auch sie die Stürme der Jugend überstehen, das Zischen und Gurgeln der Gärung, in jahrelanger Geduld gehegt und gepflegt, gewendet und abgestaubt werden, damit die Aromen sich zart verbinden zu einem unverkennbaren Bouquet, mit dem Geschmack von Erde und Steinen, von Wasser und Weinstock, dem Duft des Windes, der Süße von Beeren und Reben aller Sorten? Braucht sie nicht auch ein edles Glas, um sich voll zu entfalten, eine liebende Hand, sie zart zu schwenken, eine wissende Nase, den Gehalt zu erkennen, eine feine Zunge, die Vielfalt zu schmecken? Die Süße des Anfangs, die Fülle der Mitte, die Sattheit des Abgangs?

Alte Paare haben Geschmack aneinander gefunden, auch wenn es nicht mehr zischt und gärt. Sie lieben Zartes und Feines, genießen die Zwischentöne. In langen Ehen findet man sie, die Experten des guten Geschmacks. Jeder Zentimeter Haut der Geliebten hat seine Geschichte, speichert Erinnerungen an Unvergessliches, gewürzt mit saurem Salz, scharfem Chili, süßem Honig und exotischem Ingwer.

Vieles an diesem Expertentum ist mühsam erlernt. Es galt zu entdecken, was die Geliebte mag und was sie gar nicht verträgt. Was tun, wenn sie allergisch ist auf meine Lieblingsspeise? Spätestens nach dem dritten Eklat weiß man Bescheid. Probieren wir etwas anderes und siehe da, sie genießt und möchte noch mehr davon.

Ein guter Mann ist nicht Experte für alle Frauen der Erde – ganz im Gegenteil. Wer sich brüstet, die Weiber der Welt verkostet zu haben, macht sich schwer verdächtig. Es genügt, in einem gut zu sein – im Wissen um die eigene Frau. Die ist, wie sie ist. Unter all den Blumen die einzig richtige, mit niemandem zu vergleichen. Ihr Duft eine Mischung aus Rose, Weihrauch, Jasmin. Wenn man dieses Parfum auf der Bettdecke nicht mehr verlieren möchte, ist es um einen geschehen.

Verlieben geht schnell, zu lieben hingegen ist wie ein Baum, der stetig wächst. Alte Lieben sind starke Eichen und fallen nur unter lautem Getöse.

Lieber Leser, vertrauen Sie auf Ihr Herz und finden Sie Ihre Liebe. Finden Sie sie wieder oder finden Sie sie neu. Ich wünsche Ihnen alles Glück dieser Welt.

Danksagung

Über die Liebe zu schreiben, ist wunderbar und erfüllt mich mit Dankbarkeit für alle, die mir dies ermöglicht haben.

Ich danke meiner Frau, die mit mir den langen Weg des Lernens und der Liebe gegangen ist und nicht müde wird, jeden Tag neu die nächsten Schritte zu tun, Schlechtes zu verzeihen und Gutes zu genießen. Auch wenn du ein Meer bist, das nie erforscht werden kann, macht es Spaß, darin zu schwimmen.

Ich danke meinen Eltern, die es in wesentlich schwierigeren Zeiten geschafft haben, sich als Mann und Frau zu schätzen und uns das Vertrauen zu geben, dass dies möglich ist.

Ich danke meinen Großmüttern und Großvätern, die alle auf ihre Art einen Weg fanden, Mann und Frau zu sein, sich gegenseitig zu stützen und gute Ehen zu führen.

Ich danke all meinen Ahnen, deren Liebe dazu geführt hat, dass es mich heute gibt. Die Fehler sind vergessen, aber die Folgen der Liebe sind immer noch da.

Ich danke dem Kneipp-Verlag, der wie immer meinem Buch den richtigen Rahmen gibt. Bekömmliche Nahrung und Gutes für die Seele findet hier den richtigen Platz. Meiner Lektorin Eva Manhardt danke ich für die exzellente Idee zu diesem Buch. Sie hat wieder meiner Sprache den eleganten Schliff gegeben und ist ein Musterbeispiel für schöne Zusammenarbeit. Verlegerin Anneliese Paulhart ist unschlagbar darin, Marktchancen zu erkennen und die richtigen Themen zu den richtigen Lesern zu bringen. Kathrin Steigerwald hat ein provokantes, aber auch humorvolles Cover geschaffen, welches das Problem der Paare auf einen markanten Punkt bringt.

Euch allen ein großes Danke. Und nochmals danke.

Literatur

Blume, Jutta: Minenfeld Partnerschaft. Wege aus der Beziehungskrise. Hannover 2009.

Broder, Michael: Ist Ihre Beziehung noch zu retten? Wann Sie gehen und wann Sie bleiben sollten. München 2011.

Jellouschek, Hans: Wie Partnerschaft gelingt – Spielregeln der Liebe. Beziehungskrisen sind Entwicklungschancen. Freiburg im Breisgau 2011.

Jung, Mathias: Trennung als Aufbruch. Bleiben oder gehen? München 2011.

Kirschenbaum, Mira: Ich will bleiben. Aber wie? Neuanfang für Paare. Frankfurt 2011.

Krüger, Wolfgang: Das Geheimnis der Treue. Paare zwischen Versuchung und Vertrauen. Freiburg im Breisgau 2010.

Kunert, Sylvia: Warum gehen Männer wirklich fremd? Nackte Fakten und wahre Geschichten. Norderstedt 2007.

Larisch-Haider, Nina: Füreinander bestimmt. Wie Sie Ihren Seelenpartner finden. Darmstadt 2009.

Livingston, Gordon: Die ideale Partnerschaft. Wie man richtig wählt und ein Leben lang liebt. München 2009.

Opelt, Rüdiger: Amors vergiftete Pfeile. Wien 2009.

Opelt, Rüdiger: Erst lieb ich mich, dann find ich dich. Wien 2011

Wunderer, Eva, u. Schneewind, Klaus: Liebe ein Leben lang. Was Paare zusammenhält. München 2008.

Der Autor

Dr. Rüdiger Opelt

1953 geboren, seit 26 Jahren verheiratet, zwei erwachsene Kinder. Klinischer Psychologe, Familien- und Paartherapeut, Seminarleiter, Autor. Bis 1994 leitender Psychologe des Kinderspitals Salzburg, 1995 Gründung des Instituts für Familienpsychologie und Persönlichkeitsentwicklung. Erforscht, wie Familien- und Partnermuster sich aus zeitgeschichtlichen Zusammenhängen erklären lassen und transgenerativ weitergegeben werden. Erklärt dies in seinen psychologischen Ratgebern und verwebt die Familienmuster in seine Romanen, die sich wie spannende Fallgeschichten lesen. Zeigt in seinen Seminaren, wie man sich von destruktiven Partnermustern lösen kann.

Kontakt: www.opelt.com, r@opelt.com

Rüdiger Opelt im Kneipp-Verlag

Amors vergiftete Pfeile

Nie wieder Pech in der Liebe –
Schluss mit verfahrenen
Beziehungsmustern

160 Seiten, s/w, Hardcover
ISBN 978-3-7088-0469-9
EUR 17,95

Der Partnertherapeut Rüdiger Opelt
zeigt aus langer Erfahrung die gän-
gigsten Beziehungsmuster auf und
beschreibt, wie man die Stolperstei-
ne der Partnerschaft aus dem Weg
räumen kann.

Erst lieb ich mich,
dann find ich dich

Durch Selbstliebe
zum Partnerglück

Taschenbuch
160 Seiten, s/w, Softcover
ISBN 978-3-7088-0540-5
EUR 12,99

Der Weg vom „Ich mag mich nicht
und dir trau ich auch nicht über den
Weg" zum „Ich bin liebenswert und
du bist noch liebenswerter" wird auf-
gezeigt und erklärt – anhand vieler
Fallbeispiele und Übungen.

www.kneippverlag.com